1日5分で一生太らないカラダになる！

片脚立ちの秘密

山谷夏未
全日本ヨーガセラピスト協会代表理事

健やかで太らない、
引き締まったカラダを手に入れたい？

答えは簡単、
片脚立ちをすればいいのです。

片脚で立てるカラダは太らない きれいになれる

片脚で立つだけで、なぜ太りづらくて引き締まった、ヘルシーなカラダが手に入るのでしょうか。

その答えは簡単です。片脚立ちができるということは、サボりがちな筋肉として悪名高い、カラダの深部にあるインナーマッスルまできちんと使えているということ。そして足の裏でしっかり地面を踏みしめて、カラダのバランスがとれているということ。そして全身の各パーツが、あるべきポジションへと戻り理想的な姿勢になっているということ。

だから、日常の姿勢までもが正しく美しくなり、代謝や体温もアップ。血流が改善されて、毒素の排出も促されて、心身の調子は絶好調。よりアクティブになれるから消費カロリーも自ずと増え、太りにくくなっていく。

このような美と健康のスパイラルに誰でも入れるというわけなのです。

つまり、片脚立ちとは下半身を鍛える単なる筋トレではありません。**全身の引き締め効果、そしてさまざまな美容面、健康面での効果が約束されている、とても効率のよい〝時短ダイエット法〟なのです。**

リラックス状態をつくれば カラダは変えられる！

人間の最も理想的な状態とは、心身共にリラックスしている状態です。たとえ無意識でも、緊張状態が長く続くことは好ましくありません。とはいえ、ゆるみすぎるのも考えもの。脱力しすぎると、逆に疲れてしまうこともあるからです。**「緊張」と「弛緩」の間の「中庸」の状態に、心身を整えていくことが大事です。**

無意識の緊張状態が最も危ない

私たちは、現代に生きている以上、どうしても過度な緊張状態で過ごすことが多くなっています。なぜなら「人間関係で気を遣うこと」や「勉強や仕事、家事などを頑張ること」も緊張を生むことにつながるから。肉体的には疲れていないつもりでも、精神的な負担で心がヘトヘトに参っているという人は珍しくありません。もし、そのような状態が長く続くと、どれだけ健康で丈夫な人であっても不調を招くことになりかねません。

だからこそ、**健やかで美しいカラダを目指すとき、心身を意識的にリラックスさせることが欠かせないのです。**リラックス状態を手に入れると、機嫌よく過ごせるようになり、カラダのパフォーマンスもアップ。生活もうまく回りだします。

「リラックスするとパフォーマンスがアップする」

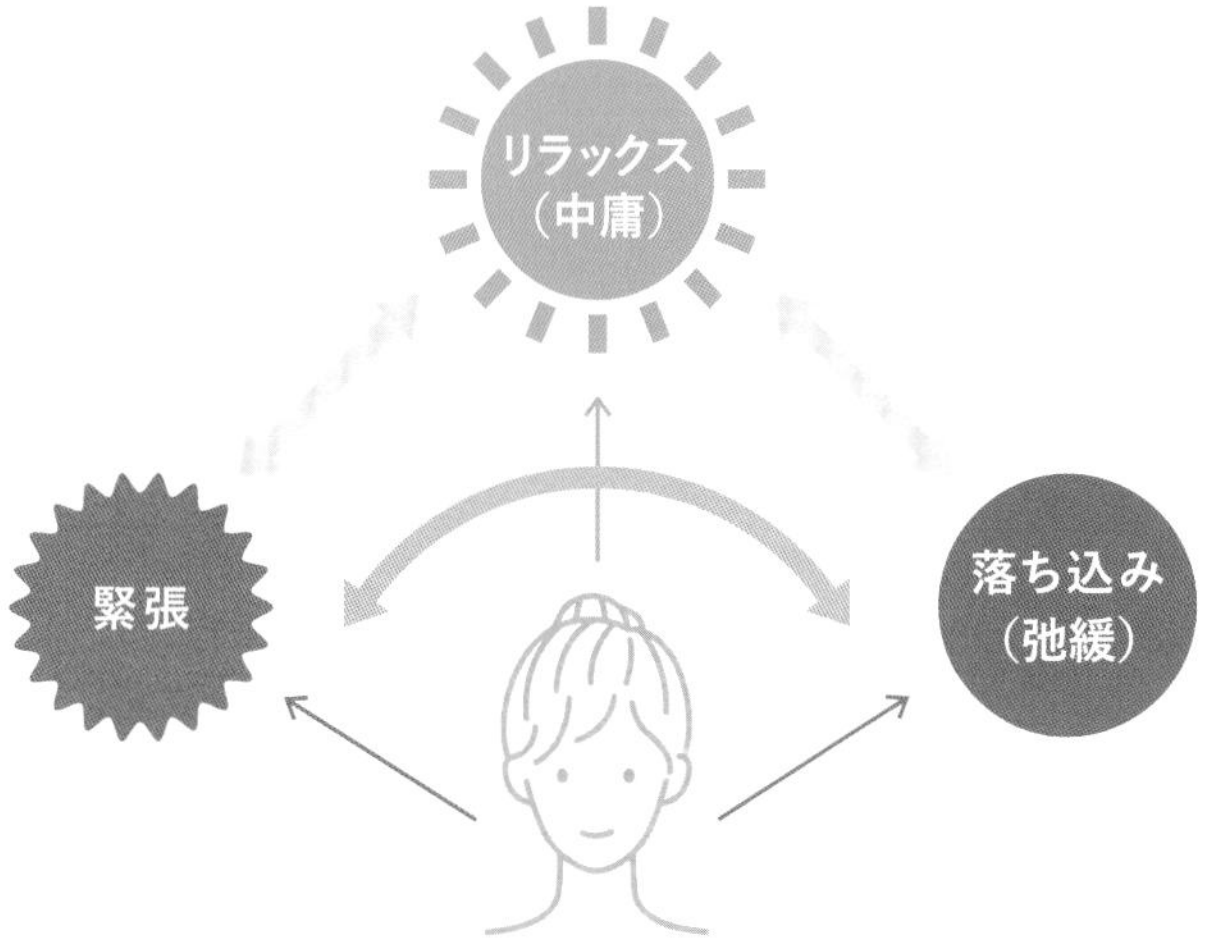

人は常に「落ち込み」「リラックス」「緊張」の間を行ったり来たりしている。心身の状態がどれだけゆらいでも、リラックス状態にすぐに戻れるようにしておくとパフォーマンスがアップする。

心身をリラックスさせていきたいときに、お手本にしたいのは赤ちゃんです。カラダはフワフワと柔らかく、緊張とは無縁。感情をストレートに表現しているからストレスもたまりにくいのです。**カラダのこわばりを解いて、リラックスするために、頑張りすぎないこと、カラダと向き合う瞬間をもつことが大切です。**

人の力は、頑張っているときではなくリラックスしているときに発揮されやすいとされます。反対に、力みすぎているときほど、能率が落ちることもわかっています。うまくリラックスをして、人生のパフォーマンスを上げていきましょう。

実践！片脚立ち6週間チャレンジ！

Before & After

T・Tさん 30代・子ども3人

体幹が鍛えられ、立っていることがラクに！

体幹が鍛えられたのか、今では座っているより立っているほうがラクだと感じます。また、1日5分でもいいからカラダを動かそうという気持ちが継続するようになりました。

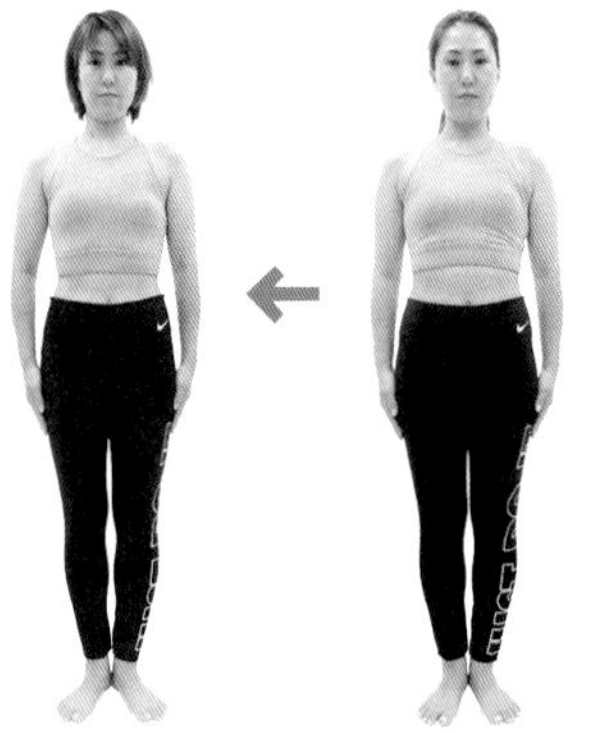

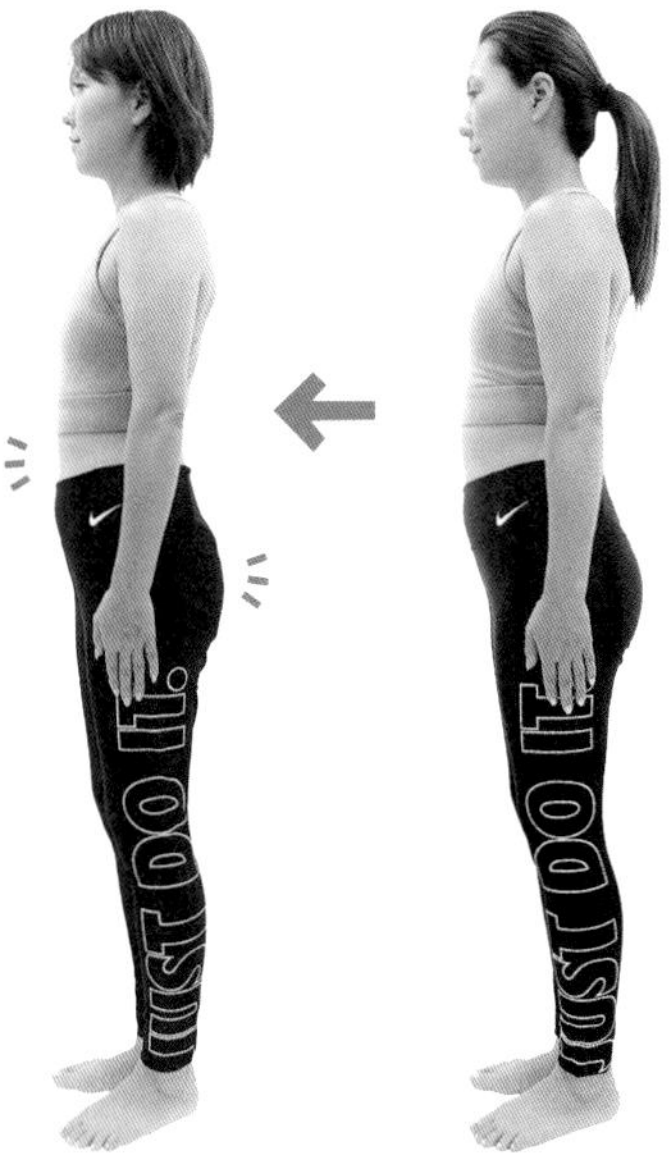

After　Before　After　Before

DATA

体重	-2.5kg
二の腕	-1.5cm
アンダーバスト	-1.0cm
ウエスト	-2.0cm
ヒップ	-3.5cm
太もも	-2.0cm

腰回り、お尻のたるみを気にされていたため、背面を強化できるひねり系・燃焼系のポーズに取り組んでいただきました。

Point!

取り組んだ頻度：週4日

取り組んだメニュー：しだれ桜やワシのポーズなどを特に行いました。

意識したこと：胸を開き、お腹を引き上げて上に伸びるイメージをもつことを心がけました。

食事改善：間食と揚げ物を控え、夜遅くに白米を食べることをやめました。

本書で紹介する「片脚立ちポーズ」。
それぞれの悩みに合わせて自由にポーズを選び、
食事改善もあわせて6週間チャレンジしていただきました。

T・Yさん　50代・子ども2人

長年の首・肩こりが消え、整体いらずに！

気になっていたお腹がヤセ、長年悩んでいた肩こり・首こりがなくなり整体いらずに。ジムに行くだけで満足していたことに、今まで気づきませんでした。

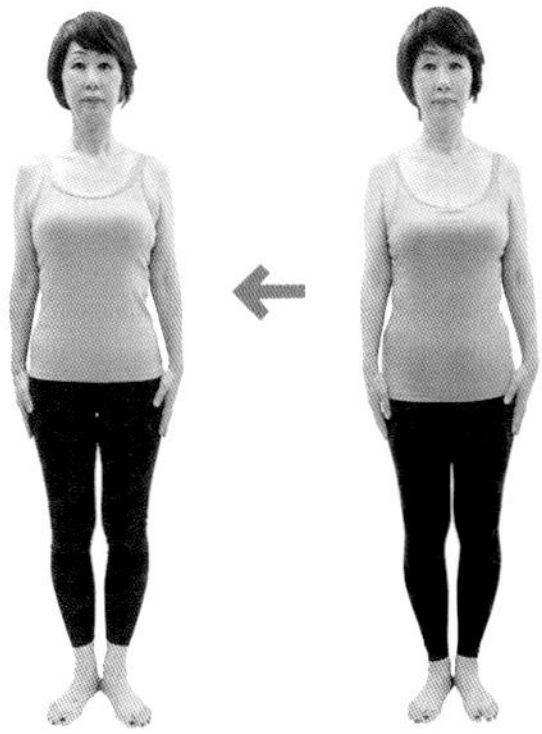

After　　Before

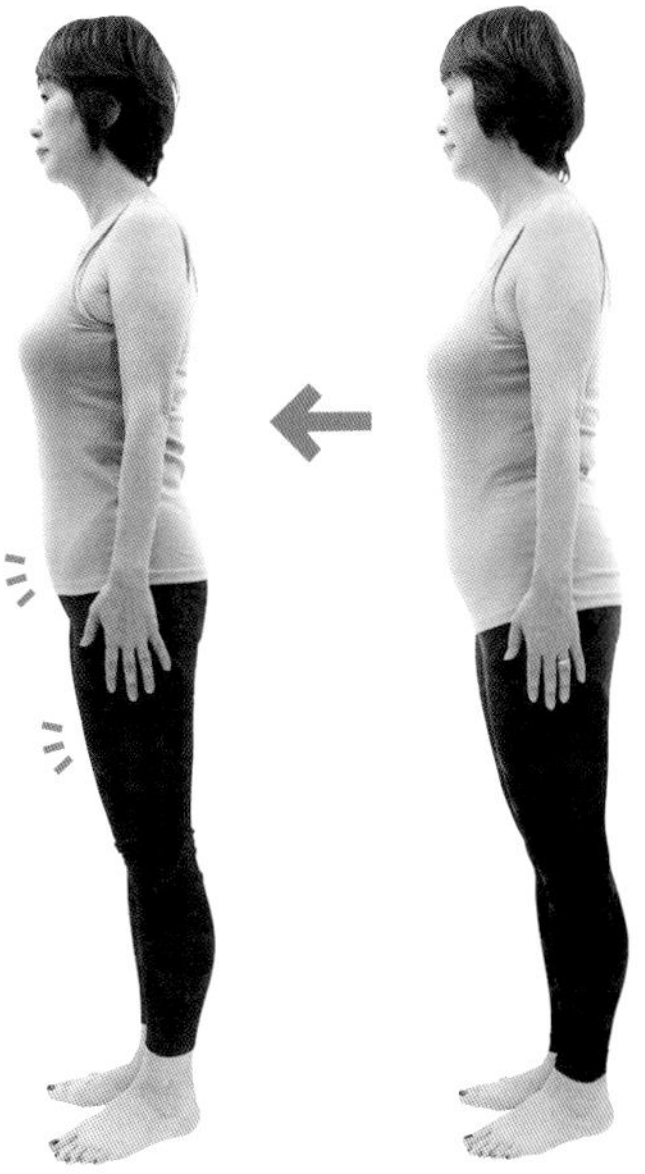

After　　Before

DATA

体重	-3.5kg
二の腕	-3.5cm
アンダーバスト	-3.0cm
ウエスト	-4.5cm
ヒップ	-4.0cm
太もも	-4.0cm

50代を迎えて代謝が落ち、カラダが固いと感じられていたので、ほぐしを取り入れることとカラダを冷やす食材（砂糖や糖質）を控えていただきました。

Point!

取り組んだ頻度：週7日

取り組んだメニュー：脚ほぐしを必ず行い、片脚立ちはランダムに選んで行いました。

意識したこと：骨盤を立たせること、胸を開き、上に伸びるイメージをもつことを心がけました。

食事改善：糖質と白砂糖の摂取を控えました。また、調味料も無添加のものに変えました。

Before & After

S・Mさん 40代・子ども3人

1か月でズボンのウエストがぶかぶかに！

1か月経ち、ズボンのウエストがぶかぶかになりました。揚げ物を控えたことで、油の匂いが苦手に感じるようになったことには驚きです。

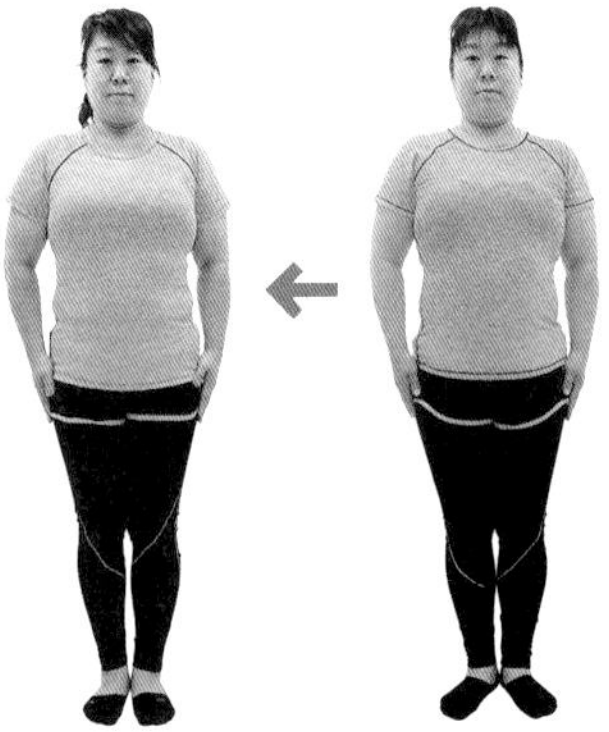

After　Before　After　Before

DATA

体重	-3.5kg
二の腕	-2.5cm
アンダーバスト	-3.0cm
ウエスト	-8.0cm
ヒップ	-4.5cm
太もも	-4.0cm

基礎体幹力系のポーズをメインに、カラダを正しいポジションに戻すことを意識していただきました。

Point!

取り組んだ頻度：週3日

取り組んだメニュー：コアラ・天女・勾玉などのポーズをメインに行いました。

意識したこと：普段反り腰なので、骨盤を立たせることを特に意識しました。

食事改善：揚げ物を控え、甘いものはなるべくナッツやドライフルーツに置き換えました。

C・Tさん 40代

ウエストが8.5㎝もダウン！ ひどいむくみも改善

仕事が忙しいので、とにかくスキマ時間で片脚立ちポーズを積み重ねることを心がけました。気になっていたむくみも改善され、お腹とお尻がヤセたことがうれしいです。

After　Before

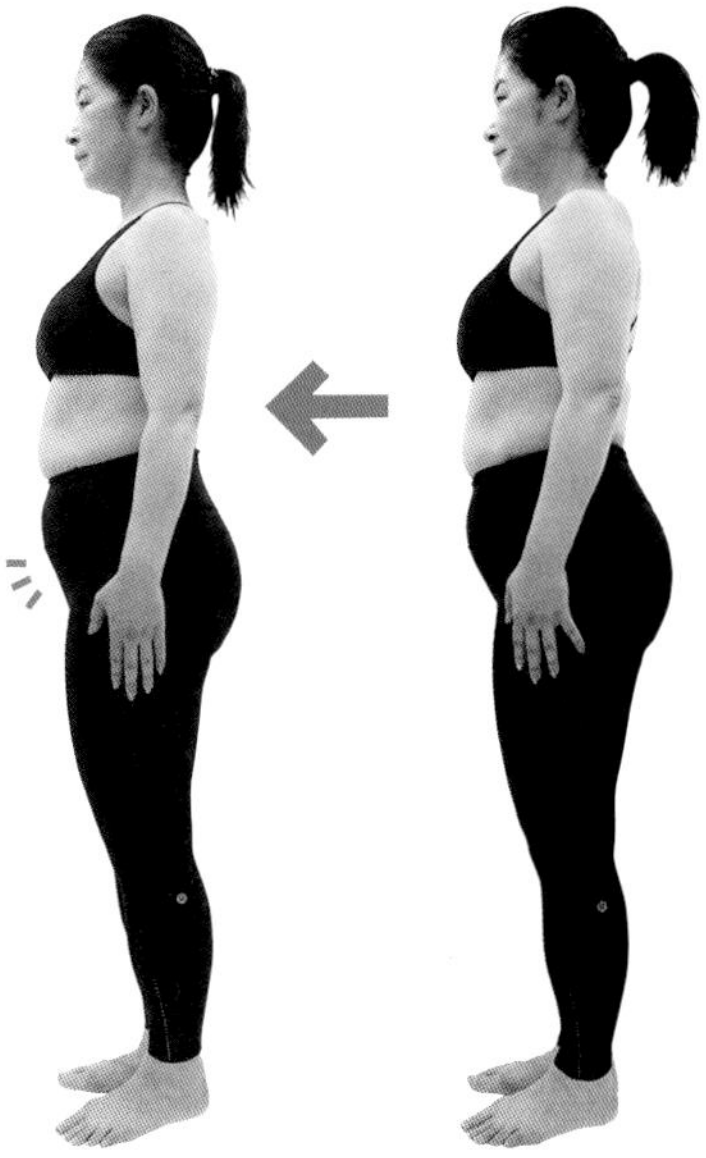

After　Before

DATA

体重	-5.0kg
二の腕	-1.0cm
アンダーバスト	-3.0cm
ウエスト	-8.5cm
ヒップ	-5.5cm
太もも	-4.0cm

脚がむくみやすく、下半身を気にされていたので、燃焼系ポーズで全身の血流改善、代謝アップを促しました。

Point!

取り組んだ頻度：週5日

取り組んだメニュー：1回3つのポーズを毎日ランダムに組み合わせて行いました。

意識したこと：料理をしながらなど、スキマ時間で「ながら片脚立ち」をすることを心がけました。

食事改善：食事はいつも腹8分目になるように意識して摂りました。

Prologue

はじめまして。山谷夏未です。心身の健康を伝えるヨガを仕事にしてから早11年目。延べ、１２０００時間以上のレッスンで、さまざまな心身のお悩みを抱える方々と向き合ってきました。

家族のお世話で自分のことを後回しにしてきたお母さん、産後10年以上体型が戻っていないと気にしている女性、生まれて50年間運動とは無縁でカラダを動かすのが苦手と思っている人。

そういった方々が、心身ともにどんどん変化し、キラキラしていく姿を何度も目にしました。そしてそれが私にとっての大きな喜びであり、ヨガを伝える仕事を生涯のライフワークに決めている理由でもあります。

また、レッスンだけでなく、ヨガセラピストの育成や資格の発行、インストラクターの研修・派遣事業を通して、より効果的に心身を変化させる法則を自分なりに研究・探究し、それをシェアすることで多くの方のサポートをさせていただいています。

本書は、片脚立ちとシンプルなお食事ルールを習慣にすれば、頑張らなくても〝一生太らないカラダになれるメソッド〟を解説した本です。

まずは1週間、このメソッドを毎日続けてみてください。週に1回から始めて回数を増やしていくよりも、やり初めに「続ける習慣」を身につけることが、効果を最大限に引き出す秘訣です。最初はうまくできなくても、続けていけば徐々に変化を感じられるはずです。

自分のカラダに意識を向け、「前より感覚がつかめてきた」「カラダの調子がいい気がする」など、なんとなくの変化に気がつき、自分のありのままを受け止めて肯定することで、それに応えるようにさらにカラダが変わっていきます。この「自分の心身の状態や変化に気がつくこと」が大切なのです。

これは、私が延べ３０００人以上、ＹｏｕＴｕｂｅでは20万人の方々とヨガをしてきたなかで得た持論ですが、自身の変化に気づけるかどうかで、効果に大きな差が出ると感じています。効果が出やすい、出にくいといった性質が、最初からおおよそわかるのです。

ポイントは、今の自分を肯定し、心身の変化に気がつけるかどうか。そして、楽しみながら続けることを習慣にできるかどうかです。何歳になっても、今、ここから、カラダは変えられるということを実感していただけるとうれしいです。

Lesson 1
-
片脚立ちで叶う！理想のカラダ

Lesson2

-

実践！
片脚立ちポーズ

QRコードですべての動きを動画解説

正しくポーズをとれるように、ヨガに基づいたカラダの動かし方や呼吸の流れなどを詳しく紹介しています。動画再生には別途通信料がかかり、お客様のご負担となります。機種によって動画を再生できないこともございます。あらかじめご了承ください。

Lesson1

片脚立ちで叶う！ 理想のカラダ

片脚立ちを習慣化するだけで、
ヤセ体質へとカラダを変えることができます。
そのためには、まずカラダのしくみを知り、
ヤセるメカニズムを理解すること。
そして、心身をストレスのない状態に戻しておくことが重要です。
本章を読めば「自分史上最高の私」を
スムーズに思い描けるようになるはずです。

下半身に集中する筋肉を動かせばヤセ体質になれる

「ボディメイクに励んで理想のカラダを手に入れるには、全身のあらゆるパーツに個別にアプローチをしなければいけない」

そう思い込んではいませんか？

しかし実際、忙しい日々の中で、丁寧なトレーニングが可能でしょうか。実は、片脚立ちを習慣化することで、誰でも全身を引き締めることができるのです。その秘密は「筋肉」にあります。

下半身の大きな筋肉を使えばいい

全身の筋肉は、その6～7割が下半身に集中しています。たとえばお尻、太もも、ふくらはぎなどが下半身にある大きな筋肉の代表格です。

これらの筋肉を鍛えると、筋力が増えて血行がよくなり、代謝も効率よくアップすることがわかっています。そのため、全身がヤセやすい体質へと変化していくのです。

もちろん、毎日長時間の片脚立ちが必要なわけではありません。1日5分の片脚立ちを1～2週間続けるだけでも、カラダに起こる変化を感じられるはずです。

「下半身には大きな筋肉がたくさんある」

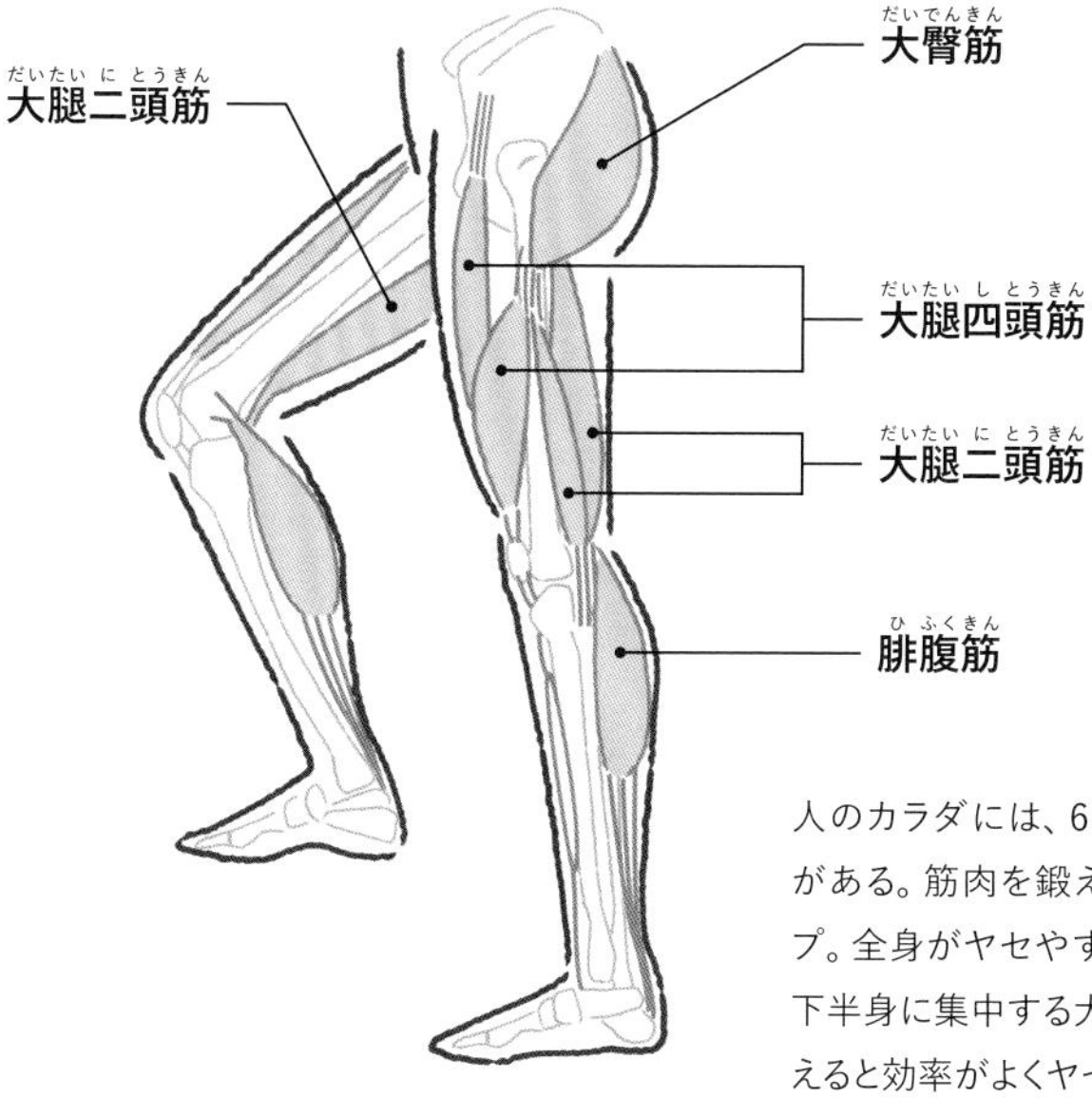

大腿二頭筋《だいたいにとうきん》
大臀筋《だいでんきん》
大腿四頭筋《だいたいしとうきん》
大腿二頭筋《だいたいにとうきん》
腓腹筋《ひふくきん》

人のカラダには、600を超える筋肉がある。筋肉を鍛えると代謝がアップ。全身がヤセやすく変化していく。下半身に集中する大きな筋肉から鍛えると効率がよくヤセられる。

　片脚立ちを行うもう1つのメリットは、体幹の筋肉（横隔膜《おうかくまく》、腹横筋《ふくおうきん》、多裂筋《たれつきん》、骨盤低筋群《こつばんていきんぐん》、腸腰筋《ちょうようきん》、腰方形筋《ようほうけいきん》など）にアプローチができること。

　なぜなら、**1本脚で立つことによって、脚にかかる負荷が倍近くになり、普段はあまり使われていない筋力を最大限まで引き出せるからです。**

　これらの筋肉は、さほど使わなくても日常的な動作が可能なため、意識的に鍛えることが必要です。体幹には「使えば使うほど、体温や代謝のアップにつながる」という性質があります。だから、片脚立ちを習慣化するだけで、代謝が改善され、全身がヤセやすくなるのです。

カラダはおサボり筋だらけ
放っておくと太りやすいカラダに

カラダの筋肉は、よく使う筋肉と、おサボり筋の2つに分類できます。「使いやすい」などの理由で酷使しがちな筋肉と、「使わなくてもなんとかなる」などの理由で、サボりがちな筋肉とに分かれるのです。おおまかに言うと、「よく使う筋肉＝アウターマッスル（カラダの表面に多く、カラダを硬くする特徴がある筋肉）」「おサボり筋＝インナーマッスル（カラダの深部にあり、しなやかで美しい姿勢をつくる特徴がある筋肉）」と区分けすることができます。

よく使う筋肉ばかりを働かせすぎた場合、カラダの一部にのみ筋肉がついてボディラインの美しさが損なわれることも……。たとえば「太ももの前面に負荷をかけすぎた結果、脚が太くなる」というケースは珍しくありません。

また、おサボり筋の代表格は体幹部にあるので、**サボらせたままにすると体幹が失われ、姿勢が悪くなったり、下腹ぽっこり体型になりやすくなります。**

理想的なカラダに導いていくためには、片脚立ちを行うことで、おサボり筋の存在を強く意識することが重要です。おサボり筋の働かせ方を意識するうちに、日常での姿勢やカラダの使い方も自然に改善され、あるべきボディラインへと近づくことができます。

「よく使う筋肉とおサボり筋の代表例」

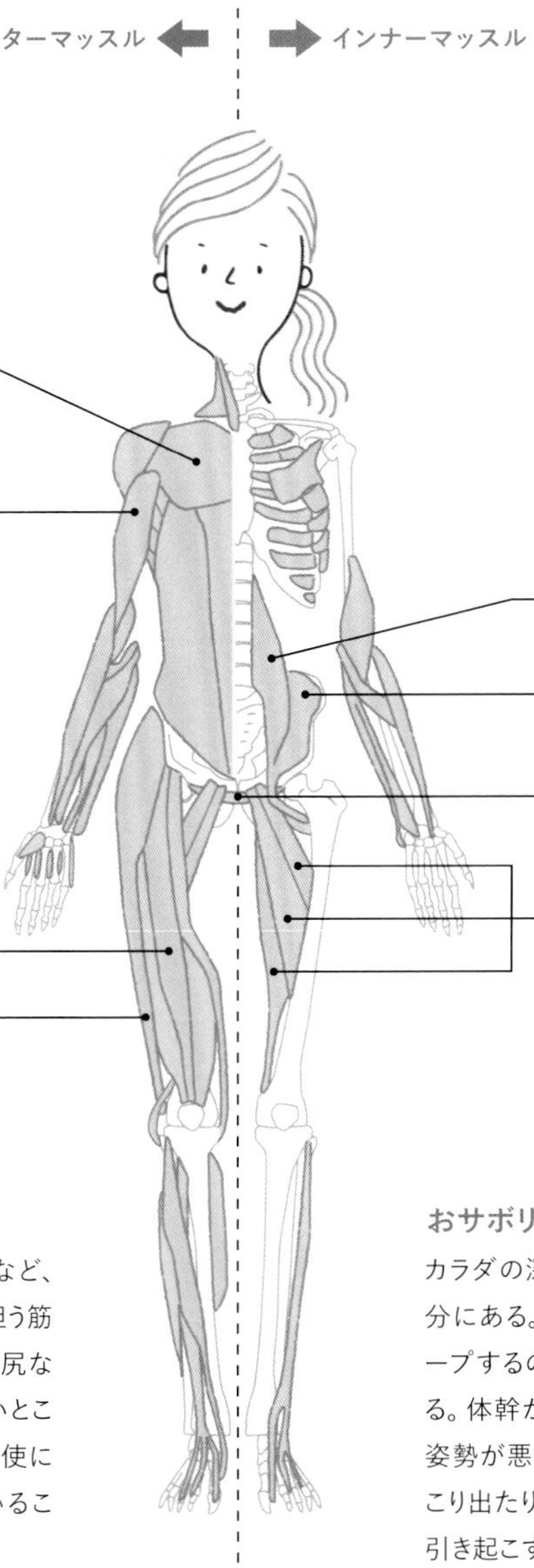

アウターマッスル
インナーマッスル
大胸筋《だいきょうきん》
上腕二頭筋《じょうわんにとうきん》
大腿四頭筋《だいたいしとうきん》
ハムストリングス
大腰筋《だいようきん》
腸骨筋《ちょうこつきん》
骨盤底筋群《こつばんていきんぐん》
内転筋群《ないてんきんぐん》

よく使う筋肉

歩く、走る、物を持つなど、日常的な動作を主に担う筋肉。胸、肩、太もも、お尻などカラダの表面に近いところにある。日常的な酷使により筋肉が固まっていることが多い。

おサボり筋

カラダの深部、骨に近い部分にある。正しい姿勢をキープするのに一役買っている。体幹が使えていないと姿勢が悪化し、下腹がぽっこり出たり、肩こりや腰痛を引き起こす。

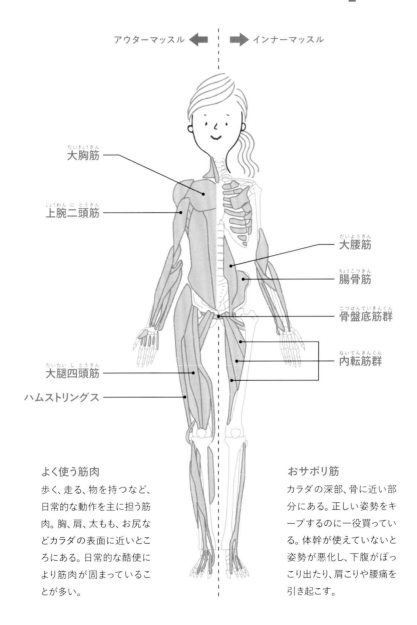

片脚で立つためには
土台を整える必要がある

植物にとって、根っこが大事なように、カラダにとっても土台となる部分は重要です。土台となる部分がもし崩れていたとしたら、全身のバランスを保つことは難しくなってしまいます。普段からカラダの土台を整えて過ごすのはもちろん大事なこと。ですが、片脚立ちをする際には自力でバランスをとる必要があるので、土台の重要性も一層高まります。

土台が整っていない場合、片脚だけで全身の体重を支えるのは簡単ではありません。ましてや、上半身や手を使ったポーズとなるとさらにバランスをとりづらくなります。難易度の高いポーズをたとえキープできたとしても、場合によっては、予期せぬところが痛むかもしれません。

逆に言うと、片脚立ちが正しくできるようになれば、全身の土台は整っていることになります。まずは「土台を整えて、正しく片脚立ちができるようになる必要がある」と、強く心に留めてください。

そして、左ページを参考に、自分の姿勢を確認してみましょう。カラダを横から見つつ、お腹を引き上げ、耳からくるぶしまでが一直線になるように意識します。鏡などでセルフチェックを習慣化することも、おすすめです。

「土台が整うとカラダが一直線に」

OK

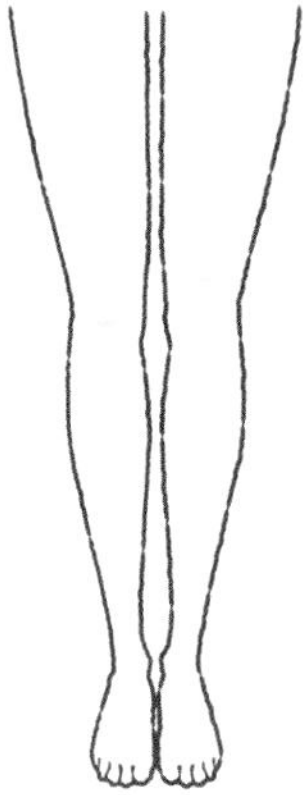

NG

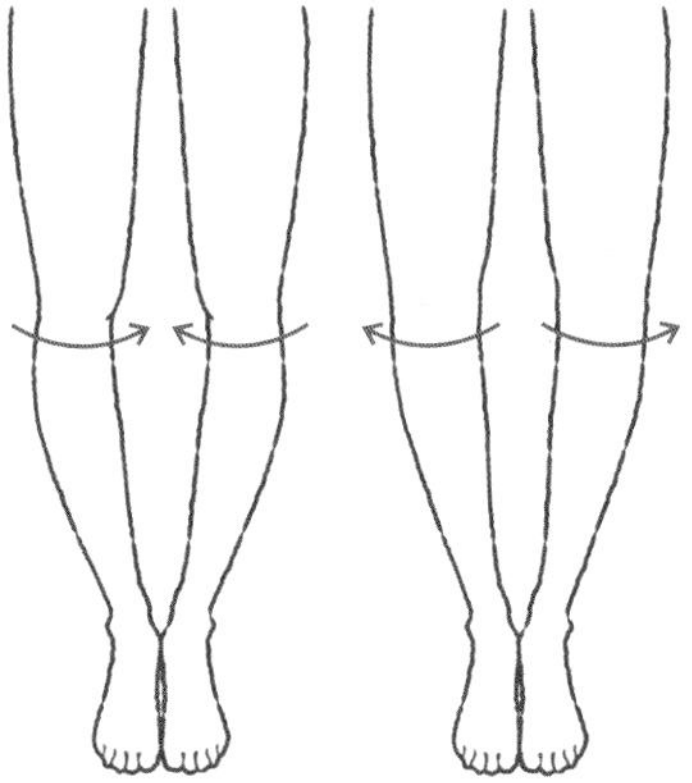

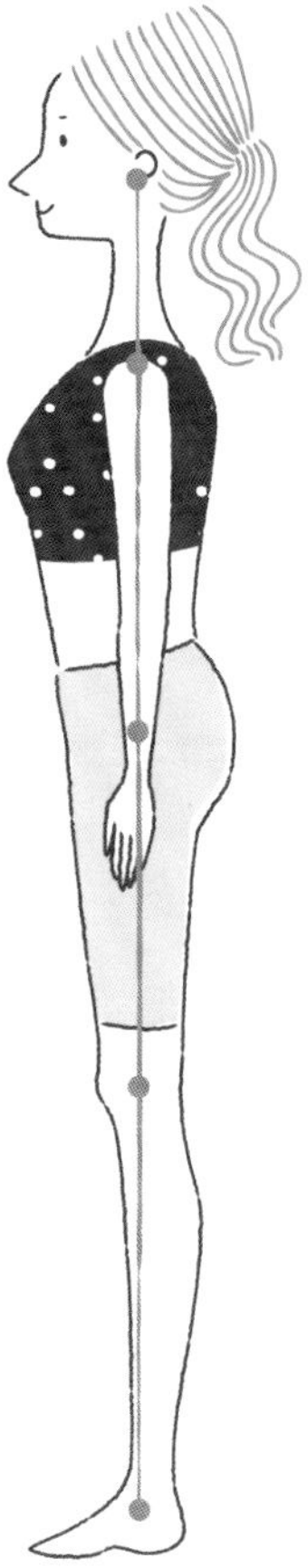

正面からひざの状態を見る

正面から見たときに、ひざが真正面を向いていればOK。ひざがねじれていると、O脚気味の人は外側を、内股気味の人は内側を向きやすくなる。

横から見た正しい姿勢

土台が整っていると、カラダを横から見たときに「耳、肩、股関節、ひざ、くるぶし」が一直線に並ぶ。鏡がなければスマホのセルフタイマーで自撮りをしてもOK。

足裏の3点を整えれば
カラダのバランスがとりやすくなる

全身の土台を整えたら、次に見直したいのが「足裏」。全体重を支えてくれる足裏こそ、土台の〝要〟です。

実は足裏には理想的な形があります。**「母趾球《ぼしきゅう》」（親指の付け根のふくらみ）、「小指球《しょうしきゅう》」（小指の付け根のふくらみ）、「かかと」。この3点のバランスがうまくとれている状態を目指しましょう。3点に均等に体重を乗せることが大切です。どこかに重心が偏ってしまうと、片脚立ちの際にふらついてしまいます。**

足裏の使い方のNG例で最も多いのは、親指側（カラダの内側）で踏めていない（重心をかけられていない）というケースです。長年のクセで、小指側（カラダの外側）に重心をかけてしまう人がとても多いのです。

これらを改善していくと、足裏のバランスがよくなり、全身の土台も整い、カラダを正しく使えるようになっていきます。するとおサボり筋も働き出すため、代謝もアップ。全身がヤセ体質へと変化していきます。つまり、美しいカラダづくりは、足裏の3点から始まります。「脚ほぐし」（76ページ）も、足裏を理想的なフォームへと導いてくれます。また「骨盤ほぐし」（38ページ）を行うと、股関節が正しい位置に戻るため、片脚立ちの際に足裏を正しく使えるようになります。

「足裏3点の整え方」

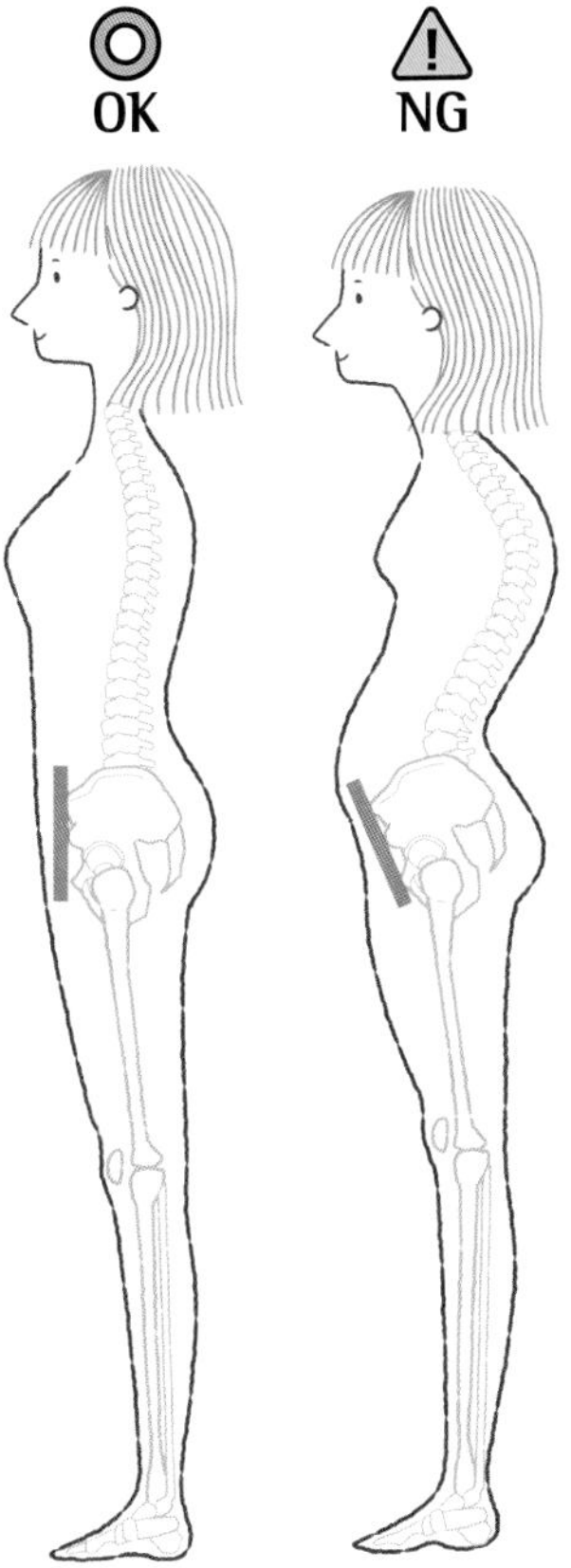

骨盤を正す

前後に傾きやすい骨盤を「まっすぐに正す」という意識を持つ。たとえば、反り腰（骨盤が前に倒れた状態）の人が片脚立ちをした場合、腰に負担がかかり、腰を痛めることも。

足裏3点を意識して立つ

母趾球、小指球、かかとの3点に均等に体重がかかるように意識する。かかとや小指球に重心をかけてしまう人が多いため、意識的に母指球を使うことが大切。

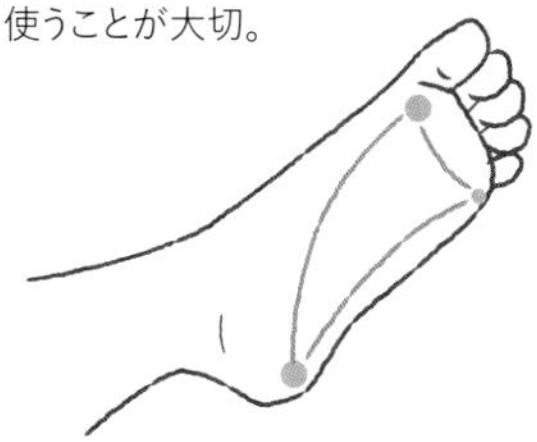

ひざにゆとりをもつ

ひざがくるぶしより後方へ反っていない状態が◎。ひざがピンと張っていると、重心がかかと側や小指側（外側）に偏りやすくなる。

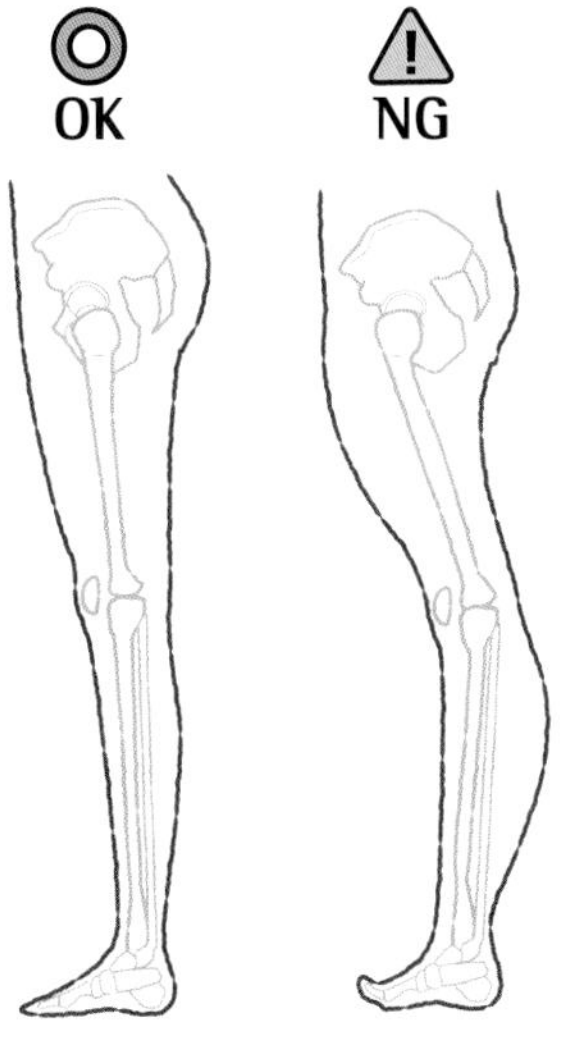

呼吸をめぐらせれば 相乗効果で代謝アップ

忙しいとき、イライラしたとき、ネガティブな感情に襲われたとき、肩が上がり、呼吸が浅くなりがちです。するとカラダは余計に緊張し、より固くなり、骨格がずれてゆがみが生じます。ゆがみは、自律神経やホルモン分泌の乱れを引き起こし、カラダに悪影響を及ぼすことも。

反対に、深くて十分な呼吸を行えているときは、脳やカラダに酸素が行きわたるので、いいことづくめ。昔から「長い息＝長生きにつながる」と言い伝えられていますが、呼吸とはそれほど大事なものなのです。

もちろん、片脚立ちの最中も正しい呼吸は続けたいもの。ポーズに意識を向けながら、細く長い呼吸を行いましょう。難しいポーズの最中は、肩を意識的に下げることで、正しい呼吸を取り戻しやすくなります。ポーズをとっていると、つい呼吸を忘れがち。深い呼吸でリラックスすればカラダの緊張が解けてインナーマッスルが使いやすくなります。また、息を吐き切るイメージを持つことで、お腹の引き締め効果もアップします。

呼吸をする際の最大のポイントは、口呼吸をしないこと。口呼吸の場合、酸素の摂取量が鼻呼吸よりも少なくなります。そのため、血中の酸素濃度が低下し、

「口呼吸と鼻呼吸の違い」

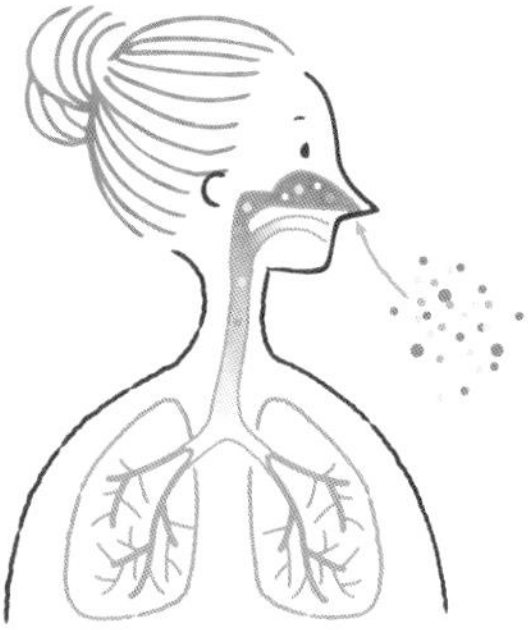

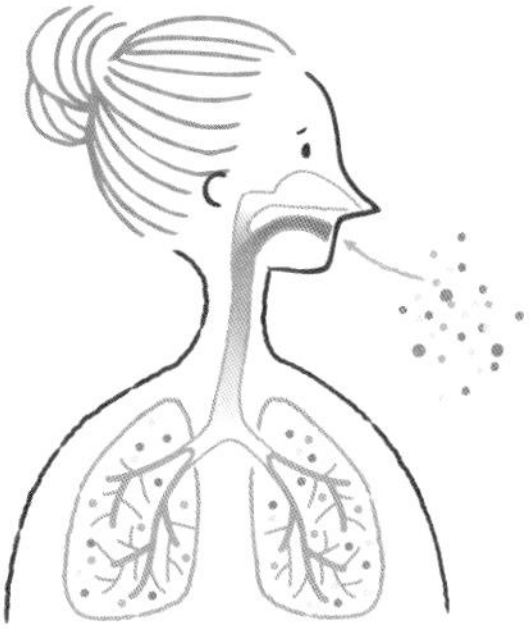

鼻呼吸

鼻毛などがフィルターがわりとなってくれるため、吸い込んだ空気に含まれる有害な物質が体内に侵入するのを防ぐことができる。酸素摂取量も、口呼吸よりも格段に増える。

口呼吸

空気中の有害物質を、体内に直接取り込むハメに。また、冷たく乾燥した空気が免疫システムにダメージを与えてしまう（※ただし、息を吐くときは口からでもよい）。

頭がボーッとすることも。また、ウイルスやばい菌など、カラダにとって有害なものを直接侵入させてしまいます。

深い呼吸をすると肺の末端まで新鮮な空気が送られます。すると頭がスッキリします。また、呼吸が深くなると副交感神経が刺激され、緊張が解け、気持ちが落ち着く効果もあります。

さらに、肺が大きく動くことで横隔膜の上下運動も促され、腸の働きが活性化し、血液循環までもがスムーズに。

つまり呼吸をめぐらせることで、体内のめぐりも活発になるというわけです。

活力を上げて心身を最高の状態に導くためには、呼吸は不可欠な営みなのです。

片脚立ちポーズ Q&A

Q1

**どのくらいの期間で
効果が出ますか？**

A1

まずは1週間、毎日行ってみてください。カラダのちょっとした変化に気づくはず。たとえば脚力や体幹力、バランス感覚、寝起きのよさの向上などです。見た目での効果については、1、2か月程度で変化を感じられるはず（適正な食生活をキープすることも必要です）。楽しみながら続けていきましょう。

Q2

**やる気が出ないときにやる気を
出す方法はありますか？**

A2

前向きに頑張れないときは、無理をしないで。「ゆっくりしたい」「疲れた」という心身からのサインかもしれません。気持ちを切り替えるために、呼吸を意識的に行ってみましょう（30ページ）。

Q3

**片脚立ちがうまく
できないんですが……。**

A3

まずは両脚を地面につけた状態で、片脚に重心をかけて立つことから始めましょう。次に「骨盤ほぐし」（38ページ）、「脚ほぐし」（76ページ）を行って、片脚で立つための土台を整えながら慣れていきましょう。

Q4

**片脚立ちをたくさんすると
脚が太くなりませんか？**

A4

片脚立ちは、インナーマッスルを使うため、むしろ脚は引き締まっていきます。もともと脚に筋肉がつきすぎていると感じる場合、「脚ほぐし」「骨盤ほぐし」で骨格のバランスを整えてから取り組みましょう。

安全な状態で正しく取り組めば、誰でも大きな効果が得られる片脚立ち。
実際に始める前に気をつけてほしいこと、心に留めてほしいことをまとめました。

Q5

**片脚立ちをするとき、
つい息を止めてしまいます。**

A5

呼吸を自然に続け、リラックスしながら行うのが片脚立ちの原則。「息が止まっている（浅くなっている）」と気づいたら「フーッ」と息を吐ききりましょう（お腹の引き締め効果アップ！）。その反動で息を吸いやすくなります。

Q6

**生理中も片脚立ちを
行って大丈夫でしょうか？**

A6

「しんどい」「つらい」と感じないなら、無理のない範囲であれば取り組んでも大丈夫。生理期間中の体調は、千差万別です。自分の心身と、より深く向き合うチャンスになれば理想的。新たな発見があるかもしれません。

Q7

**妊娠中でも片脚立ちは
できますか？**

A7

妊娠中でも「気持ちがよい」と感じる範囲で行うことは推奨できます。ただしお腹に圧迫を感じるポーズや、負担に感じるポーズは避けましょう。また転倒にはご注意を。安全面を考え、壁のそばなどで取り組んでください。

Q8

**1日の中で
いつ行うのがいいですか？**

A8

いつでも行って大丈夫ですが、満腹時は避けてください。食事後すぐは血流が内臓にばかり集まるので、集中しづらくなってしまいます。

Column

1

メンタルが整う呼吸法

これらの呼吸法はいずれも、意識的に行うことで脳幹に刺激が伝わり、自律神経を整えることができます。目的別に呼吸法を選んで実践してみましょう。

やる気スイッチ

回数 10回×2セット

方法 別名「カパーラバティ」。「鼻から大きく息を吸う」、「口から息を吐くときにお腹を強くへこませる」。これをテンポよく「フッフッフッ」とくり返す。

イライラリセット

回数 1〜3回

方法 負の感情を手放したいときに行う。鼻から息を吸い、口を大きく開けて「ハーッ」と思いきり吐き出すだけの、超シンプルな呼吸法。

思考スッキリ

回数 できるところまで

方法 左側の鼻孔を押さえ、右側の鼻孔から息を吸ったら、右側の鼻孔を押さえ、左側の鼻孔から息を吐く(※左右を変えてくり返す)。

前向きリラックス

回数 3〜5回

方法 お腹をふくらましつつ鼻からゆっくり息を吸い、お腹をへこませつつ口から長く息を吐く。横隔膜が刺激され、腸の働きも促され、幸せホルモンが分泌される。

Lesson 2

実践！ 片脚立ちポーズ

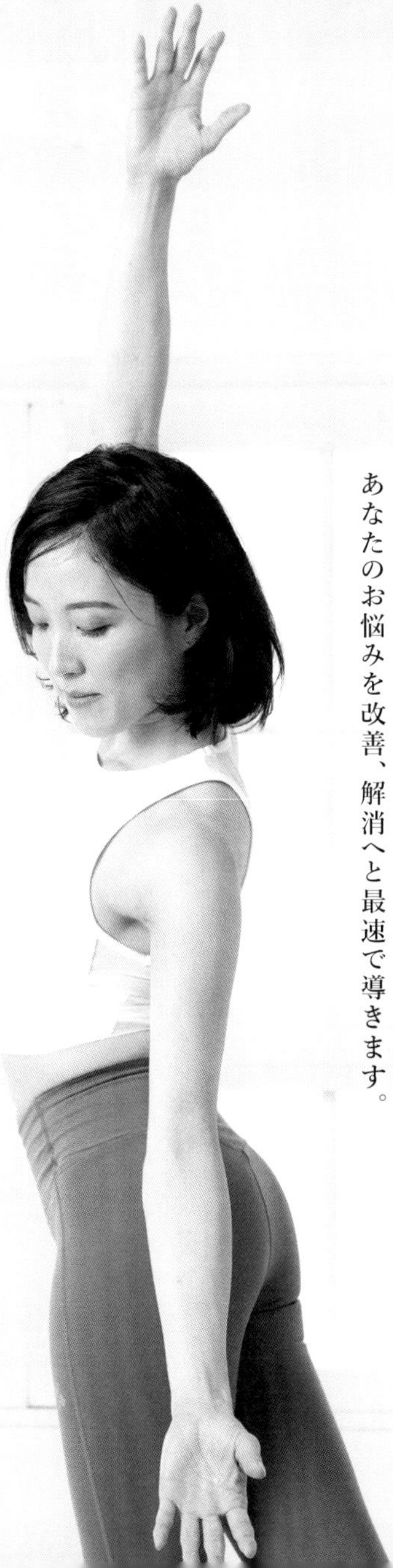

いよいよ、実際に片脚立ちを始めましょう。
手足の動きをつけたり、上体の姿勢を変えたり、
カラダにねじりを加えたり。
バリエーションに富んだポーズを集めているので、
毎日少しずつ楽しみながら習慣化することができます。
目的別の3部構成で、
あなたのお悩みを改善、解消へと最速で導きます。

毎日できる!

片脚立ちポーズの選び方

片脚立ちを行う際は、各分類から1つずつ好きなポーズを選び、
さらにそのポーズの中でも自分のレベルに合ったものを1つ選びます。
それらを組み合わせて自分流のメニューを作りましょう。
詳しいポーズの説明は40ページから!

燃焼系

から1つ選ぶ

スター
戦士3
ワシ
ダンサー
半月

基礎体幹力系

から1つ選ぶ

コアラ
飛び魚
はすの花
踊るシバ
天女

リセット

立てなければ
76ページの
ほぐしへ

リセットポーズとは?

ポーズとポーズの間でカラダをリセットします。手首、足首をぶらぶらさせてカラダを一度ゆるめましょう。

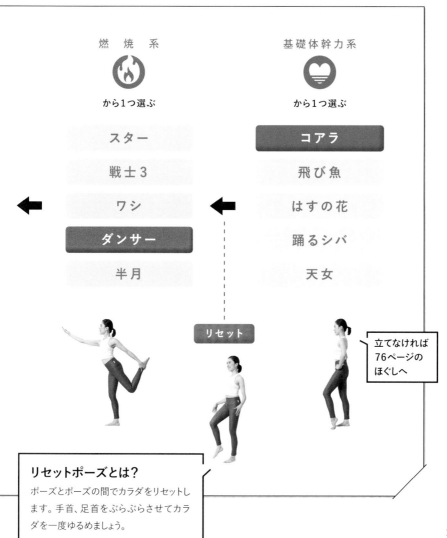

効果的に行うためのコツ

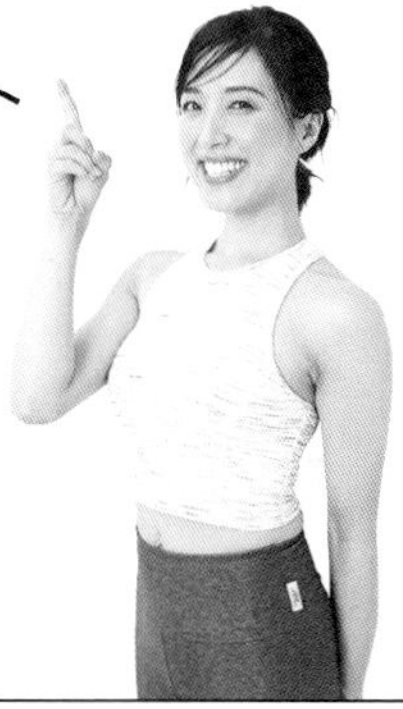

「週2～3回は行う」
「習慣化する」

片脚立ちの効果をより効率的に得るためには、これらを意識することが大切です。

COOL DOWN

から1つ選ぶ

立位

座位

仰《ぎょう》臥《が》位《い》

ひねり系

から1つ選ぶ

勾玉

立位のツイスト

新月のバランス

ねこのしっぽ

しだれ桜

気分や体調で好きなものを選ぼう

リセット

リセット

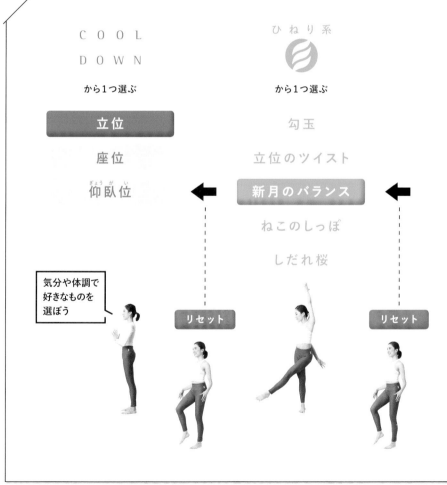

動画でCheck!

レベル・気分・目的で選ぶ！

たとえばこんな感じ

＼カラダを動かすのが苦手！／

運動経験ゼロのA子さん

無理せず初級者・中級者ポーズを組み合わせてトライ

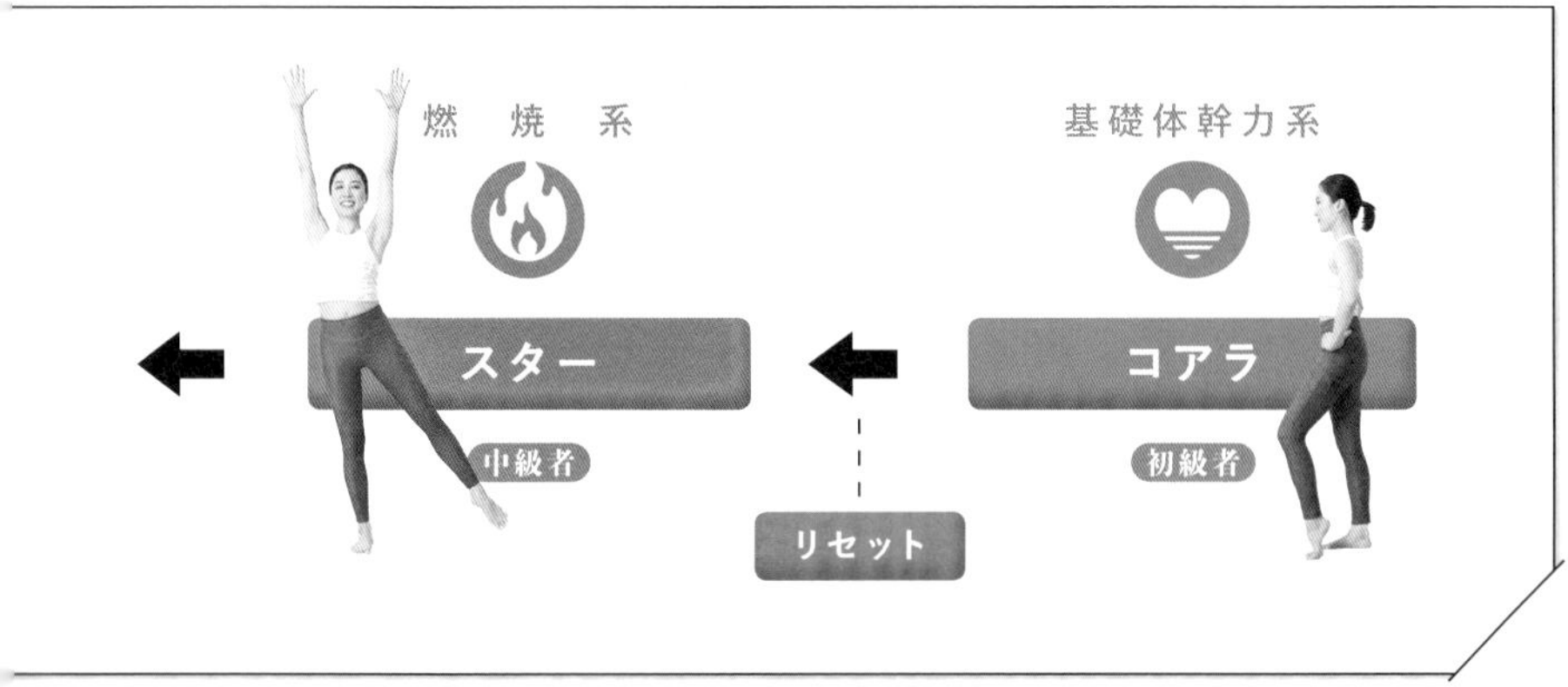
燃焼系
基礎体幹力系
スター
コアラ
中級者
初級者
リセット

＼運動経験アリ！／

ウエストに効かせたいB子さん

負荷が高い中級者・上級者ポーズを中心にチョイス

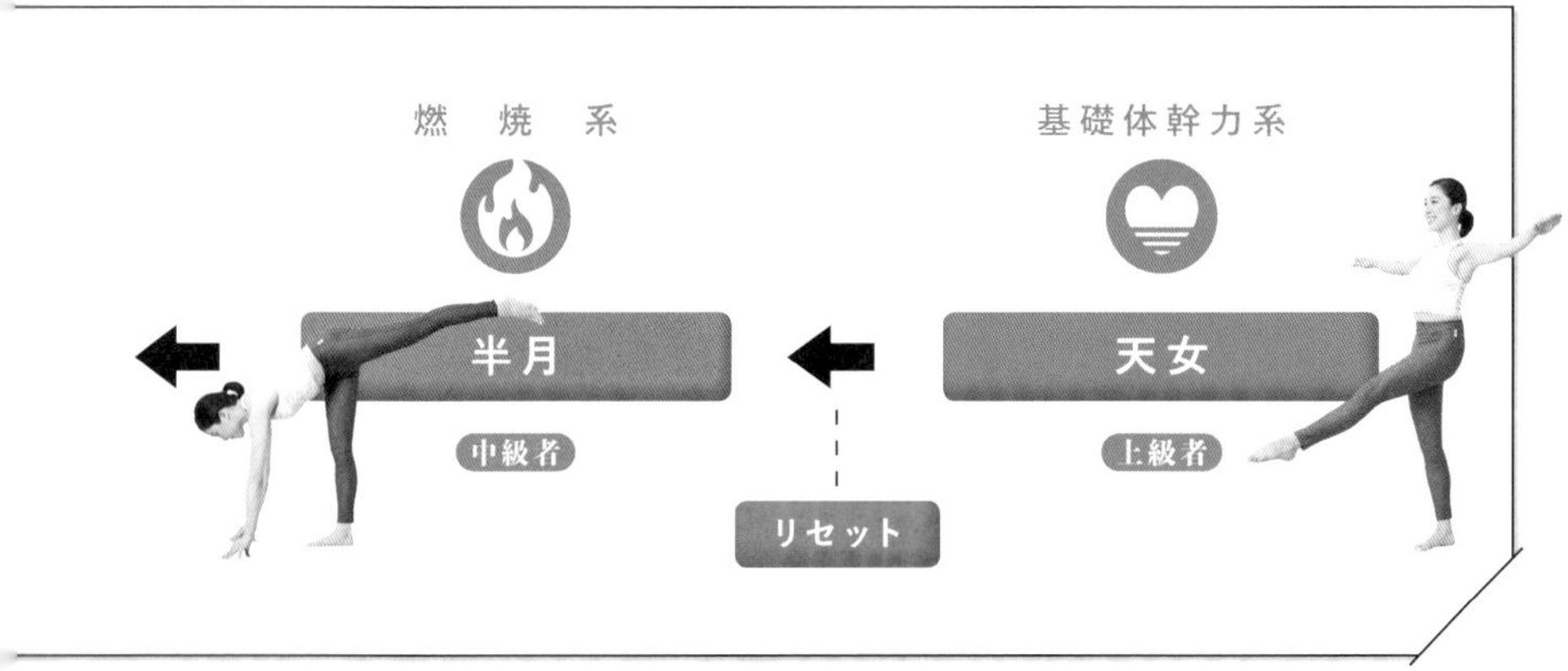
燃焼系
基礎体幹力系
半月
天女
中級者
上級者
リセット

脚を、前、横、後ろへ出すポーズをとることで、カラダ全体を鍛えられるので運動初心者さんにおすすめ!

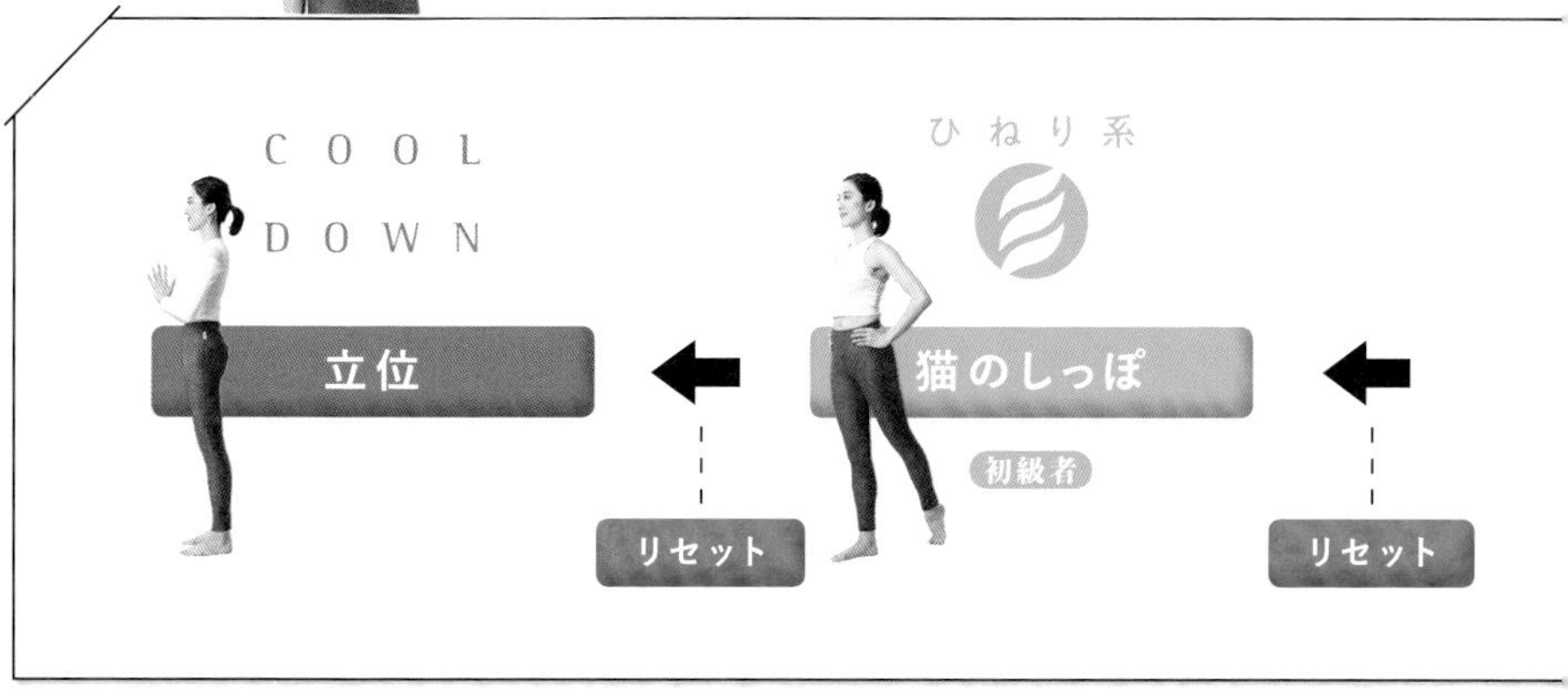
COOL
DOWN
立位
リセット
ひねり系
猫のしっぽ
初級者
リセット

ポーズをキープする際にお腹に意識を集中することで効果がアップ! 目的に合わせて自由にカスタマイズして!

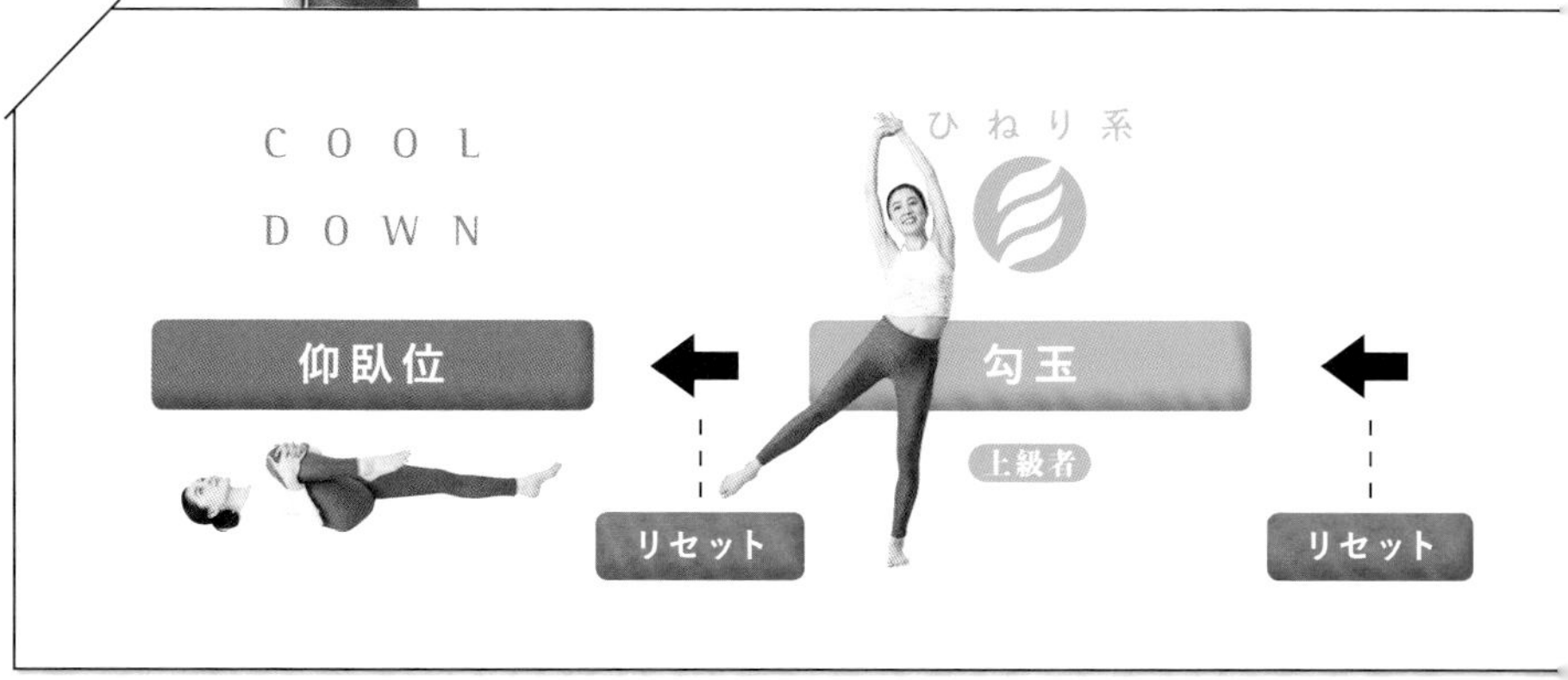
COOL
DOWN
仰臥位
リセット
ひねり系
勾玉
上級者
リセット

事前にチェック!

3つのポイント

**片脚立ちの際は次の3つのポイントを意識することが大切。
これらを意識すれば、効果を正しく得られます。**

1

「ひざは伸ばしきらない」

ひざを痛めたり、カラダの外側に重心が乗りやすくなるため。ひざは曲げ気味のほうが足裏の三点を感じやすくなる。

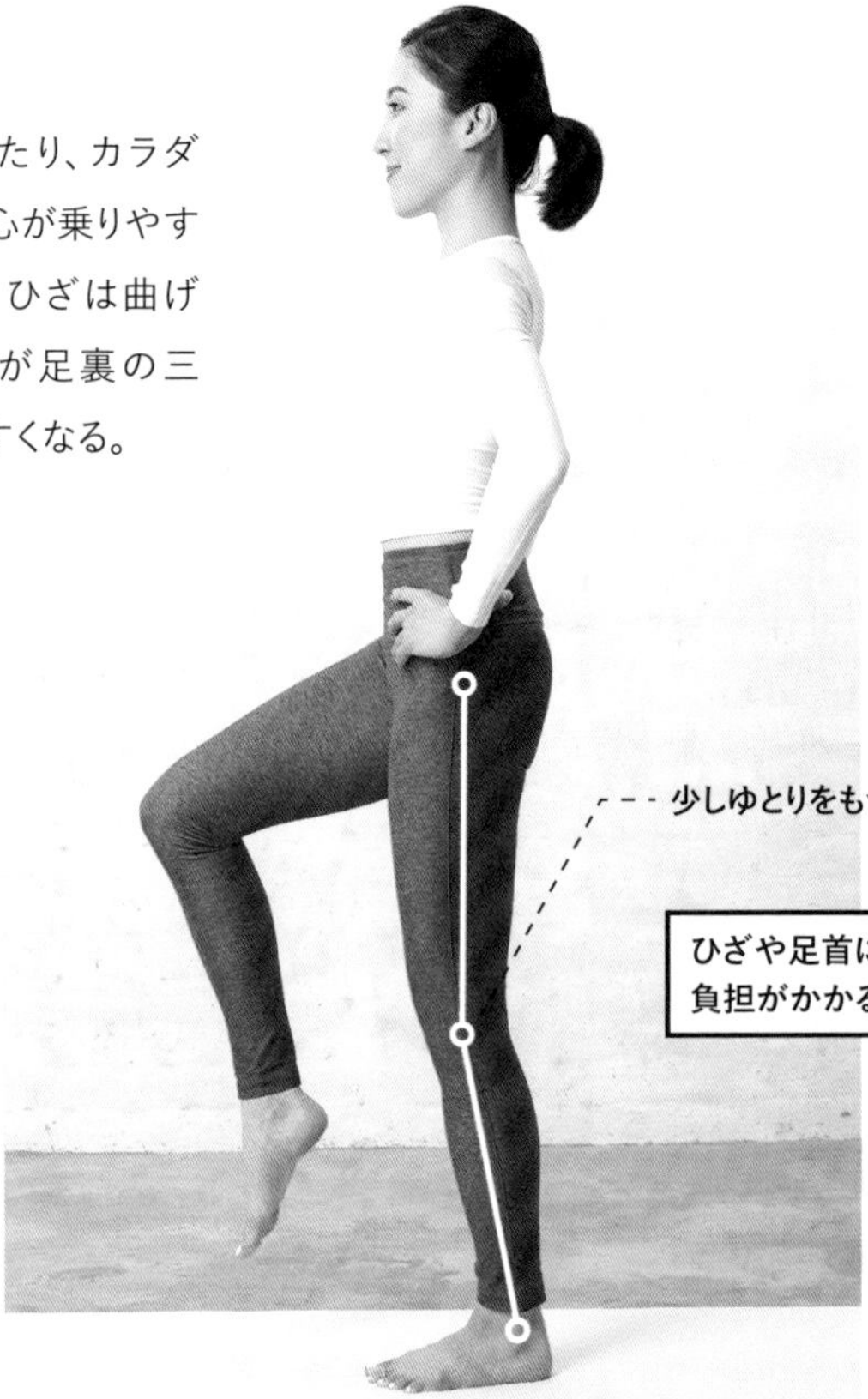
少しゆとりをもつ

ひざや足首に負担がかかる!
NG

2

「お腹を引き上げる」

おへそを縦に伸ばすようイメージすると、お腹は自然に引き上がり骨盤の位置も自動的に正しく整う。

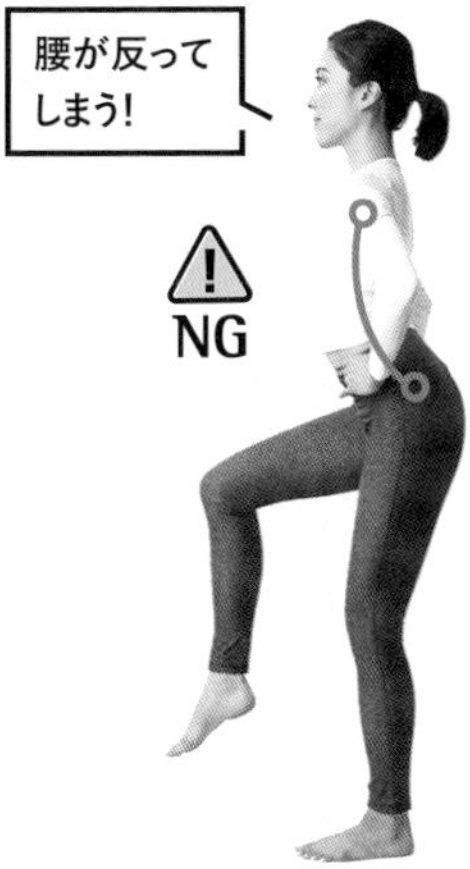
腰が反ってしまう!
NG

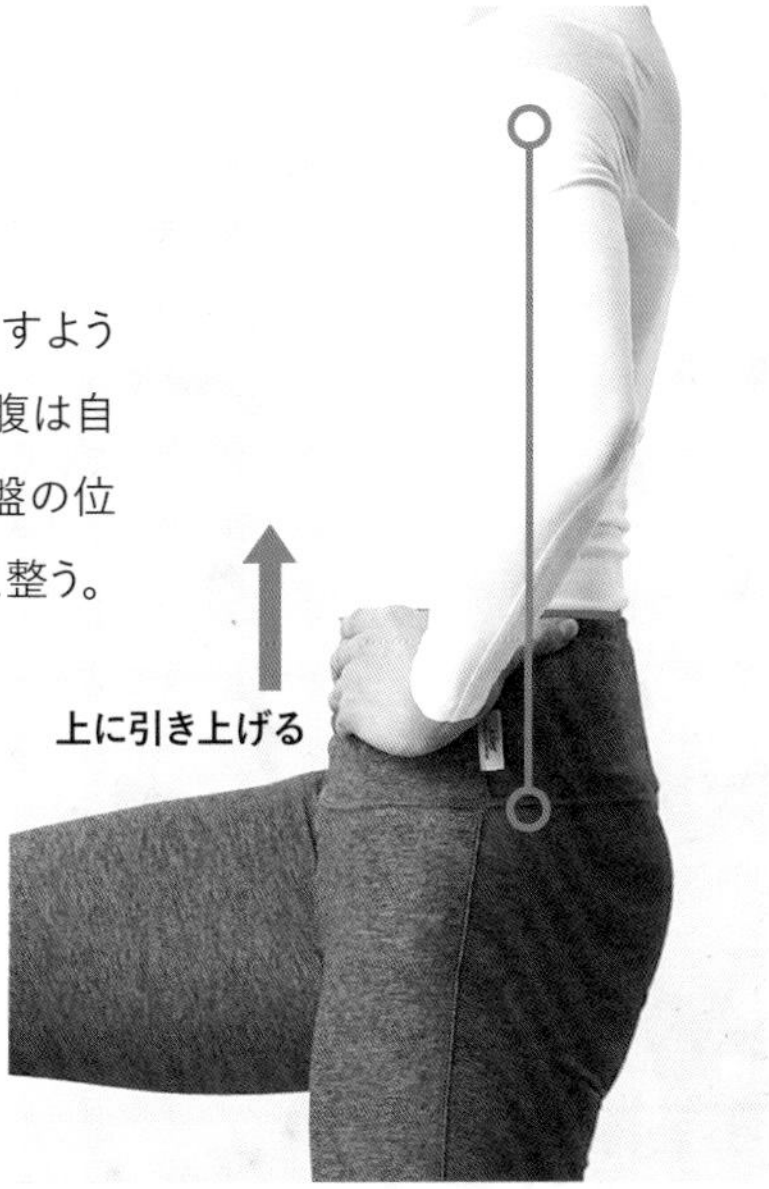
上に引き上げる

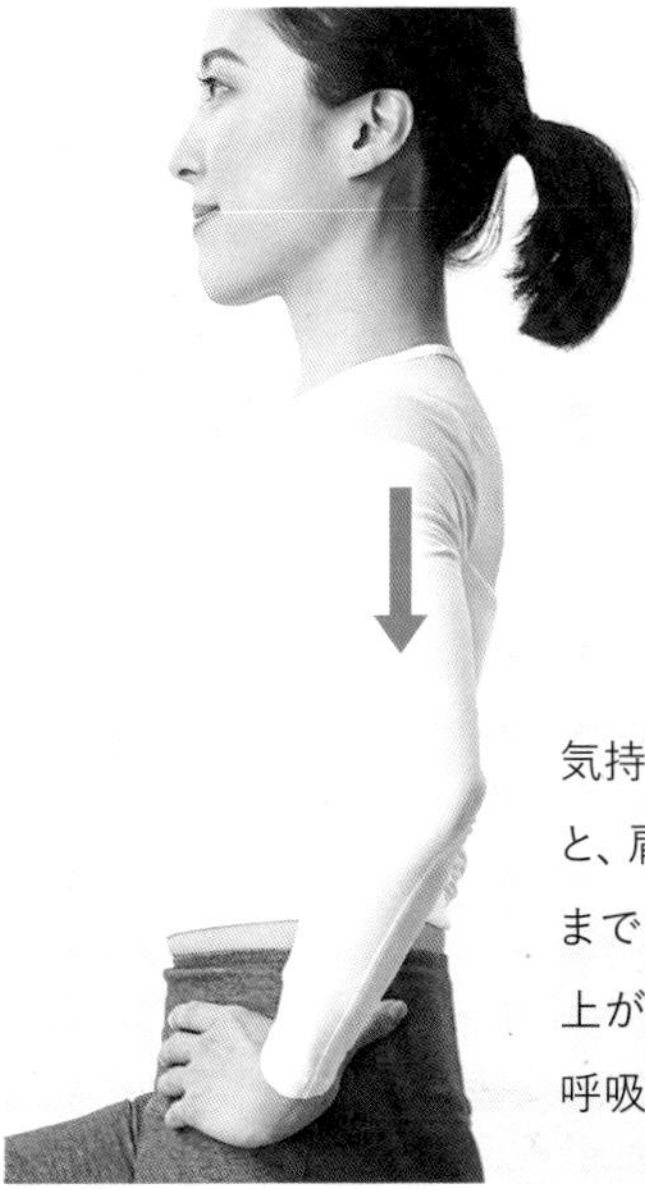

3

「肩の力を抜いて呼吸する」

気持ちが前のめりになると、肩に力が入り、呼吸まで浅くなりがち。肩が上がらないよう脱力して、呼吸を意識的に行う。

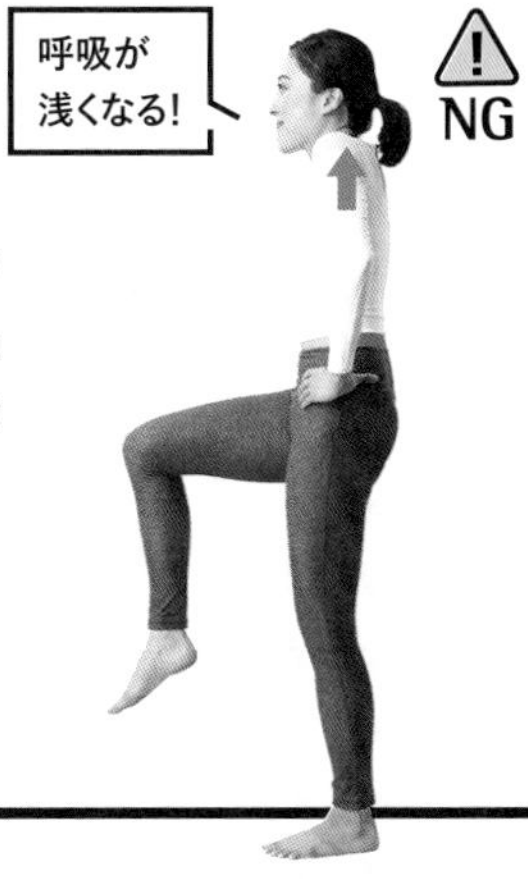
呼吸が浅くなる!
NG

動画でCheck!

片脚で立つ前に

骨盤ほぐし

**ゆがんだり固まったりしている骨盤を正しくゆるめて
リセットすると、スムーズに片脚で立てるようになります。**

1

うつぶせに寝転び、両手のこぶしを脚の付け根に置き、全身の力を抜いてリラックスする。

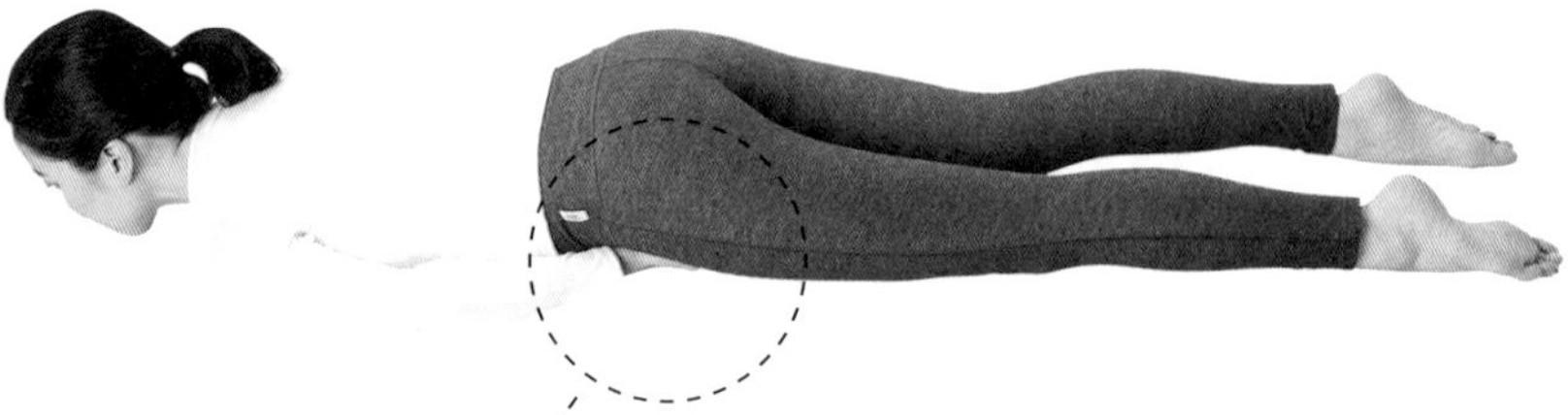

＼ 手はココ！ ／

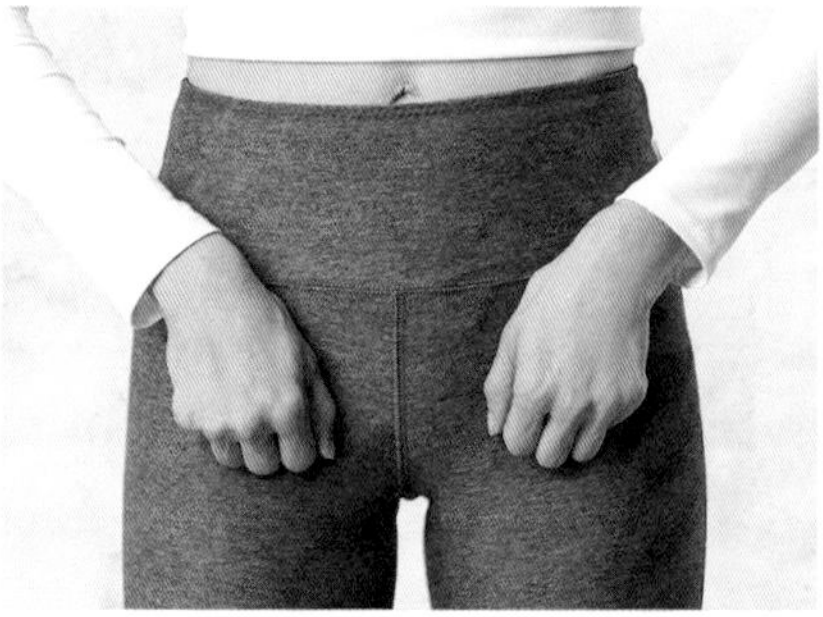

にぎりこぶしをつくり、左右それぞれの脚の付け根に置く。ゆっくり気持ちよく自《じ》重《じゅう》をかけるようイメージする。

2

深い呼吸をくり返しながら、両ひざを軽く曲げ、右側にゆっくり倒す。骨盤を大きくゆらす意識で行う。

3~5
呼吸

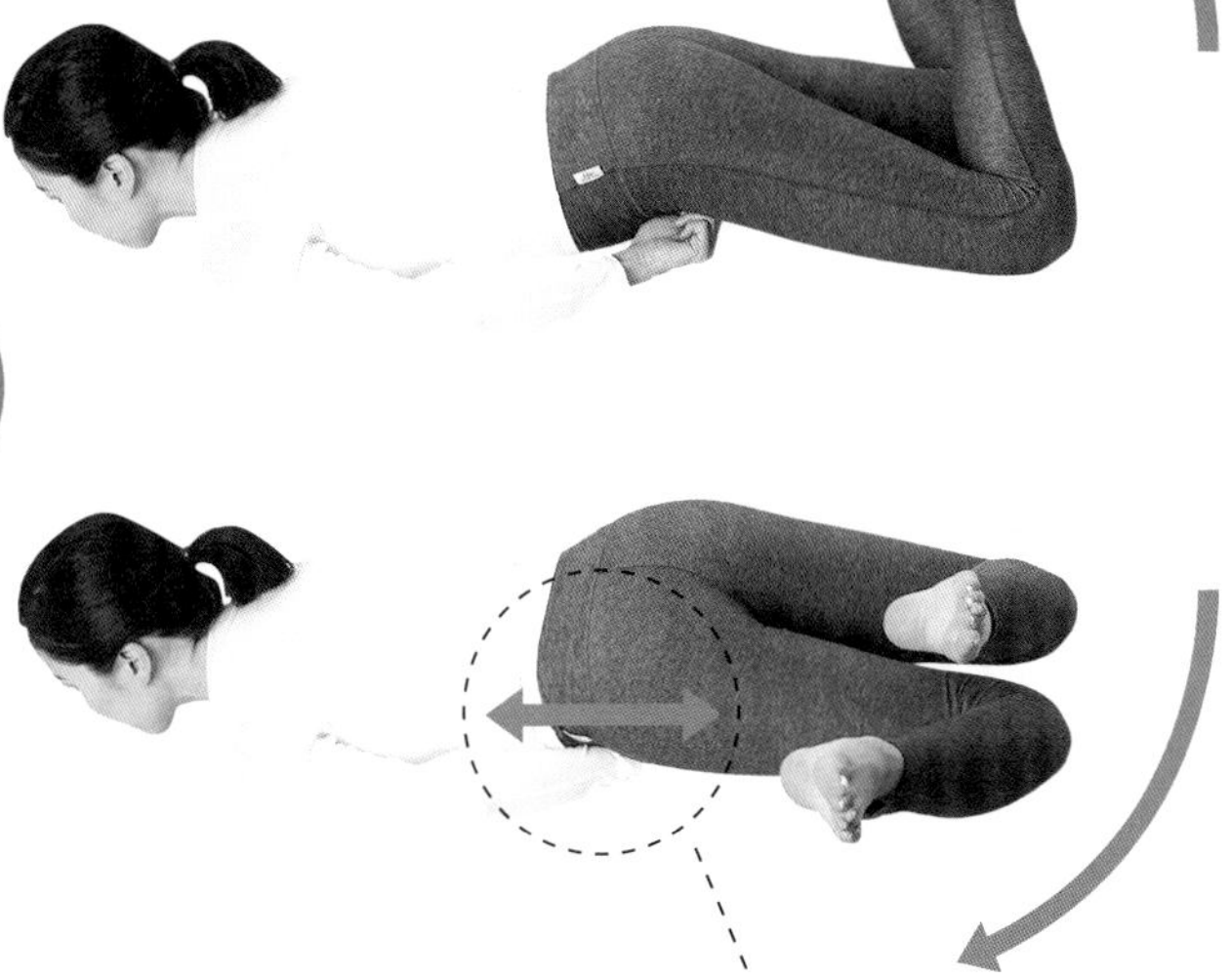

3

両膝を反対側へゆっくり倒す。ひざを倒す動きをくり返しながら、両手を脚の付け根～肋骨下にかけて上下に動かす。2と3を3～5呼吸の間でくり返し行う。

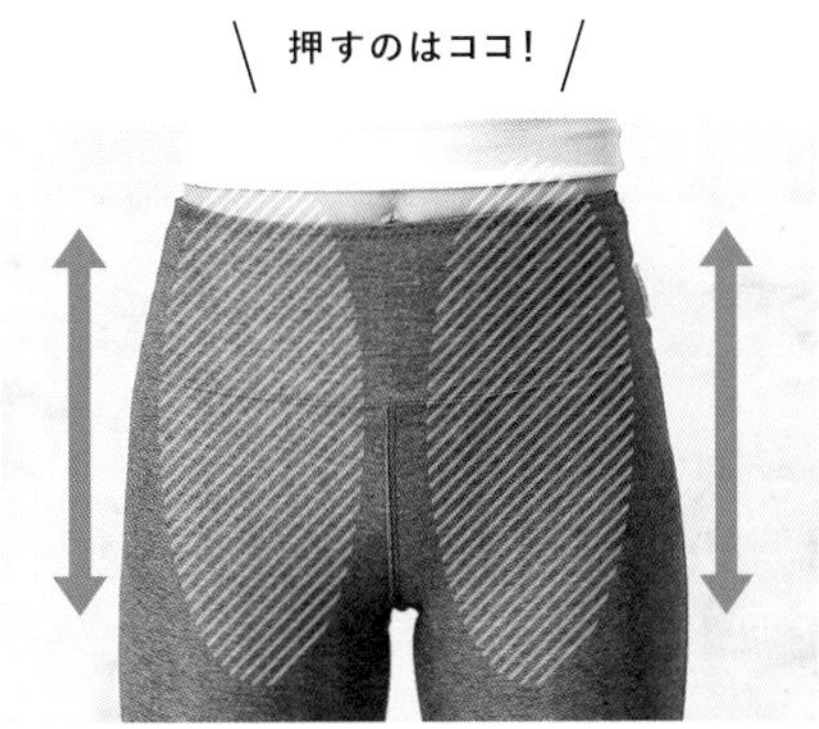

基礎体幹力系ポーズは
ココがすごい！

ここからは3つのジャンル別に、片脚立ちのポーズを紹介していきます。まずはバランスを比較的とりやすい「基礎体幹力系ポーズ」から。

基礎体幹力系ポーズとは、主に脚と体幹の筋力を養うもの。また、自律神経の働きの正常化にも、一役買ってくれます。その理由は「背骨」にあります。

片脚立ちをすることで、脚と体幹が鍛えられ、全身の土台が安定し、骨格全体が「あるべき位置」へと戻ります。すると、骨盤や背骨も自ずと整い、その上にある脳の「脳幹」までよい影響が及びます。

実は、脳幹とは、自律神経の働きをコントロールしている部位。だから、自律神経の働きまで、自動的に正常化できる、というわけです。

片脚立ちの3つのポイント（36ページ）を頭に入れ、リラックスして行ってみてください。

ココに効く！

体幹
脚

体幹の筋肉をダイレクトに刺激し、脚の筋肉全般も効率よく鍛えられる。内転筋という、脚の内側にあるインナーマッスルにまでアプローチが可能。

↓

どんな効果があるの？

美容面	健康面
美脚ラインが手に入る	ゆがみが改善される
体幹が整いヤセ見えが叶う	深い呼吸がしやすくなる
姿勢が改善され若見えする	自律神経のバランスが整う

難易度★☆☆

姿勢を保とうとすると体幹と脚全体がバランスよく使われる

ポーズを1つ選んで

左右3~5呼吸（約30秒）

① コアラ

初級者

視線は前に
背中はまっすぐ
Focus!
足裏3点をしっかり意識

お腹を引き上げる

初級編はポーズが簡単なぶん、お腹をしっかり引き上げて、体幹でカラダを支えることを意識する。

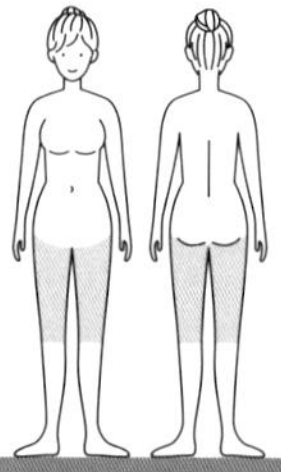
ココに効く!

初級者

両手を腰に当て、両足を平行に揃えて立つ。重心を片脚にかける。もう片方の脚を前方に出し、つま先を軽く立てる姿勢でキープする。

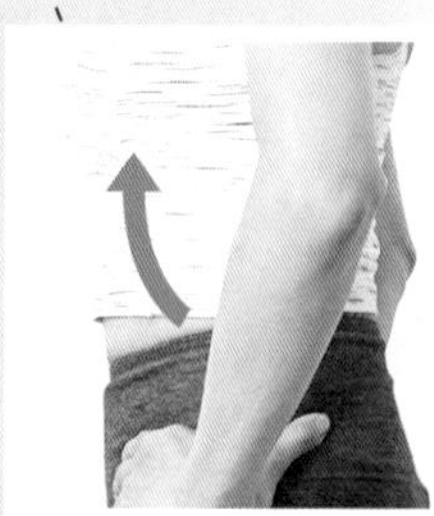

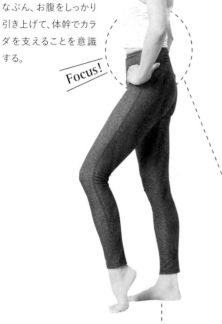

手はまっすぐ
上に伸ばす
上級者
中級者
肩はリラックス
しっかりお腹を
引き上げて！
ひざはカラダに
対して垂直に
腰を
反らない
ひざは股関節の高さに
ひざに力が
入りやすくなる
ので注意！

動画でCheck!

上級者

初級者 のポーズをとったら、つま先立ちをしているほうの脚を上げ、両手でひざを抱える。そこから両手を頭上に上げ合掌する。

中級者

初級者 のポーズをとったら、つま先立ちをしているほうの脚をゆっくり上げる。両手でひざを抱えた姿勢でキープする。

難易度★☆☆

太ももの裏側を刺激する。普段使わない肩甲骨まわりや二の腕まで鍛えられる

ポーズを1つ選んで
左右
3~5
呼吸
(約30秒)

2 飛び魚

初級者
視線は前に
ひざはくっつけない
ひざとひざの間は、にぎりこぶし1つ分程度開ける。
Focus!
かかとはひざの真後ろに

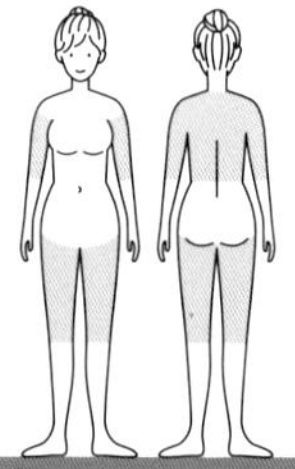
ココに効く!

初級者

両手を腰に軽く当て、両足を平行に揃えて立つ。重心を片脚にかけたら、もう片方の脚を後ろに曲げる。ひざの真後ろにかかとがくるイメージで行う。

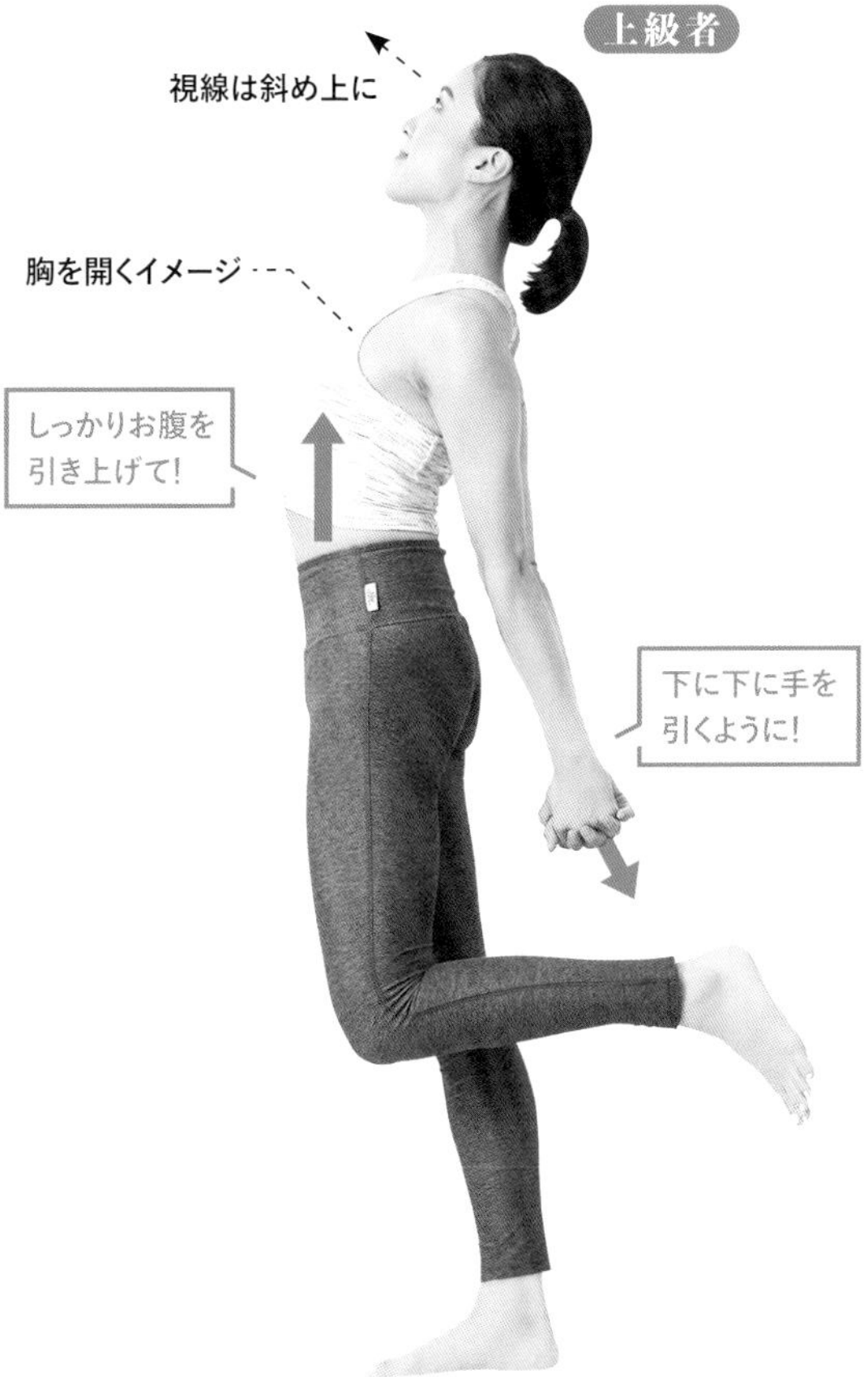
上級者
視線は斜め上に
胸を開くイメージ
しっかりお腹を
引き上げて!
下に下に手を
引くように!

中級者
肩が上がら
ないように
肩甲骨を寄せる
イメージで
手は下に
伸ばす

動画でCheck!

上級者

初級者 のポーズをとったら、両手を後ろで組み、胸を開くイメージで腕を下方へ引きつつ目線を上げる。

中級者

初級者 のポーズをとったら、両手を後ろで組む。

基礎体幹力系

難易度★★☆

腸腰筋（腰から太もも）やお尻の筋肉を刺激し、股関節や肩甲骨を柔軟にする

ポーズを1つ選んで
左右
3~5
呼吸
（約30秒）

3 はすの花

初級者
視線は前に
背中が丸まらないように
Focus!
脚は真横に開く

骨盤は真正面に

どのポーズでも骨盤を正面に向け、左右の高さをできるだけ揃え、股関節だけを開くイメージで行う。

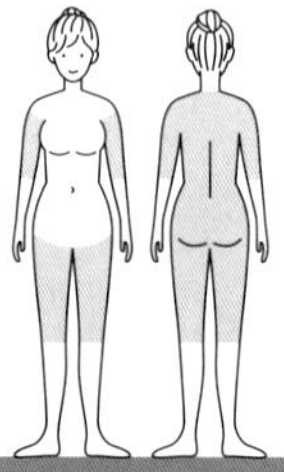

ココに効く!

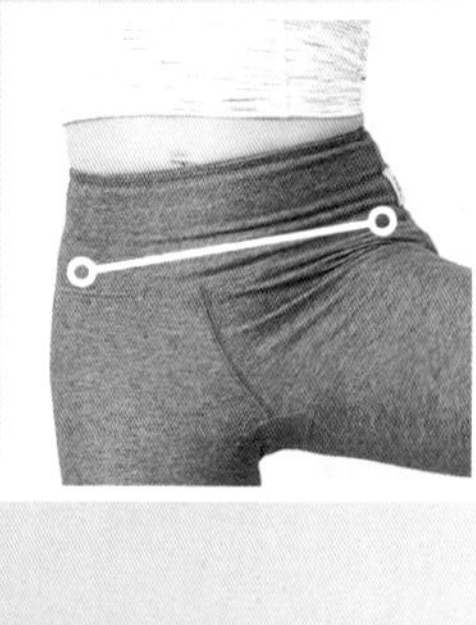

初級者

両手を腰に軽く当て、両足を平行に揃えて立つ。重心を片脚にかけたら、もう片方の脚を真横に開き、つま先を軽く立てる姿勢でキープする。

上級者
肩が上がらない
よう注意!
ひじは揃えた
まま上へ
左右の骨盤の
高さをできるだけ
揃える
ひざは
股関節の高さに
足裏3点をしっかり意識

手は顔の前に
中級者
肩はリラックス
ひじは胸の前で揃える
しっかりお腹を
引き上げて!
足先を少し浮かせる

動画でCheck!

上級者

初級者のポーズをとったら、つま先を床から離し股関節の高さまで上げる。胸の前でひじと手を揃えたら、腕を高く上げる。

中級者

初級者のポーズをとったら、つま先を床から離す。胸の前でひじを揃え、顔の前で親指と小指を合わせる（ひじはくっつかなくてもOK）。

難易度★★★

ポーズを1つ選んで

左右
3~5
呼吸
(約30秒)

④ 踊るシバ

普段あまり使わない太もも（内転筋）や二の腕に、刺激を与えられる

視線は前に
ひざを軽く曲げる

初級者
上げた脚の内ももを内側に寄せる
ひざを軽く曲げる
足先は軸足と交差させる
Focus!

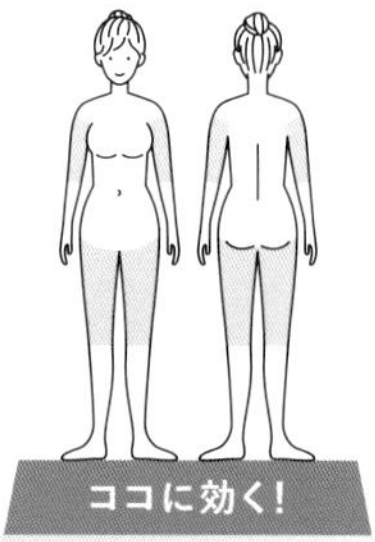
ココに効く!

足裏3点を意識

軸足への負荷が高くなるポーズなので、足裏3点を強く意識してバランスをとることを心がける。

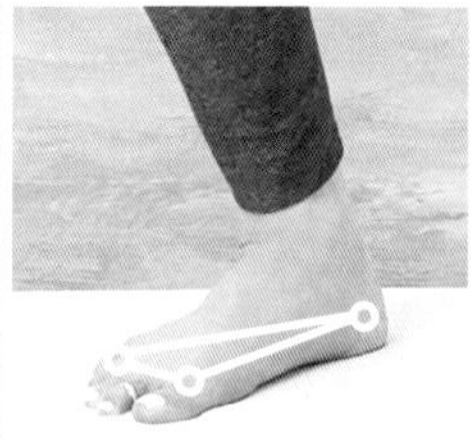

初級者

両手を腰に軽く当て、両足を平行に揃える。両ひざを軽く曲げた状態から重心を片脚にかけたら、もう片方の脚を前方に上げる。上げた脚を外回しにねじり、内ももを寄せる。

上級者
胸を開くイメージ
ひざは
股関節の高さに
指先を開く
上げた脚の
内ももを
内側に寄せる
かかとを前に
突き出すように!
中級者
胸を開く
イメージ
しっかりお腹を
引き上げて!
上げた脚の内ももを
内側に寄せる
足先は軸足と
交差させる
足裏3点をしっかり意識

動画でCheck!

上級者

初級者のポーズをとったら軸足のひざを伸ばし、上げた脚の指先を開いてかかとを前に突き出す。片手を上、片手を下にして指で輪をつくる。

中級者

初級者のポーズをとったら軸足のひざを伸ばし、上げた脚側の片手を上、もう片手を下にして親指と人差し指で輪をつくる。

ポーズを1つ選んで

左右 3~5 呼吸 (約30秒)

5 天女

難易度 ★★★

足先を遠くにクロスして伸ばすことで太ももを鍛え、引き締まった二の腕をつくる

初級者
視線は前に
背中が丸まらないように
脚は正面前方に伸ばす
Focus!

つま先はバレリーナ

伸ばす足先は「トウシューズを履いたバレリーナ」を意識。ピンと気持ちよく!

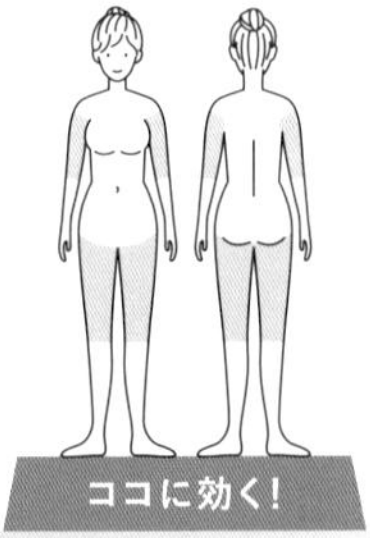
ココに効く!

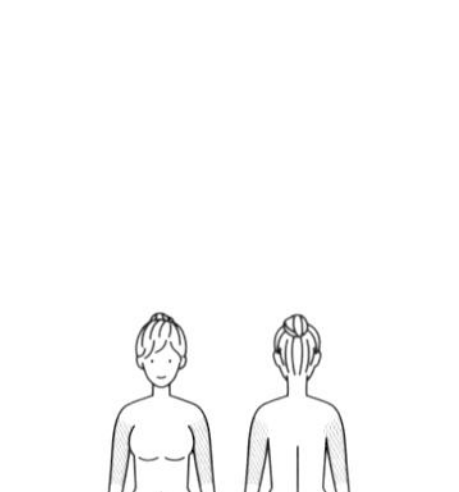

初級者

両手を腰に軽く当て、両足を平行に揃えて立つ。重心を片脚にかけたら、もう片方の脚のつま先を前方に伸ばし、軸足のつま先の延長線上に軽くつける姿勢でキープする。

上級者
腕を1cm長く伸ばすイメージ
胸を開くイメージ
肩が上がらないよう注意して!
お腹で支えるように
足先を1cm長く伸ばすイメージで!
中級者
しっかりお腹を引き上げて!
ひざが反らないように
足先を1cm長く伸ばすイメージで!

動画でCheck!

上級者

初級者のポーズをとったら軸足にクロスするように、もう片方の脚のつま先を伸ばして足先を浮かす。鎖骨を広げ、両手を左右に長く伸ばす。

中級者

初級者のポーズをとったら軸足にクロスするように、もう片方の脚のつま先を伸ばして足先を浮かす。

燃焼系ポーズは
ココがすごい！

燃焼系ポーズはカラダを大きく動かすものがメインです。カラダへの負荷も大きくなるため、熱を起こして効果的に脂肪を燃やすことができ、大きな筋肉（太もも、お尻、背中）を使うことで全身を引き締めることができます。

また、全身を大きく動かすことで、カラダを支えるためのインナーマッスルにも強く働きかけることができます。体温は上昇し、筋肉量も代謝もアップ。カラダはヤセやすい体質へと変化していきます。

さらに、本書で紹介する片脚立ちは深い呼吸をくり返し行いながらポーズをとるため、有酸素運動に分類されます。有酸素運動には、脂肪を燃焼しやすくするというメリットがあるのです。

ポーズを継続することで血液循環も改善します。全身のめぐりがよくなるので、「疲れやすい」「元気があまりない」というときにも、ぜひ行ってみてください。

ココに効く！

脚
お尻
背中

全身の大きな筋肉（脚、お尻、背中）を鍛えることができる。大きな面積の筋肉に働きかけるから、筋力も体温も効率よくアップできる。

どんな効果があるの？

美容面	健康面
太ももが引き締まる	全身のめぐりが改善される
お尻が上がる	冷え症やむくみが解消する
背中のたるみがとれる	疲れにくい体質へと変化する

ポーズを1つ選んで
左右
3~5
呼吸
（約30秒）

① スター

難易度★☆☆

手脚はもちろん、お腹・背中などの体幹やお尻の筋肉にも強力にアプローチ

初級者
背中が丸く
ならないように
Focus!
脚は真横に開く

意識するのはお腹
お腹の中心部で全身を支えるように意識する。手足の動きが大きくなってもブレにくい。

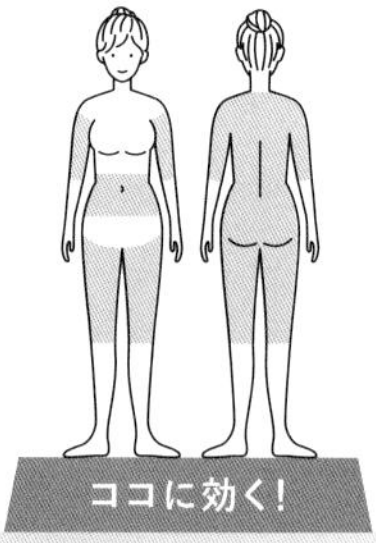
ココに効く!

初級者

両手を腰に軽く当て、両足を平行に揃えて立つ。
重心を片脚にかけたら、もう片方の脚を外側に軽く開き、つま先を立てる。

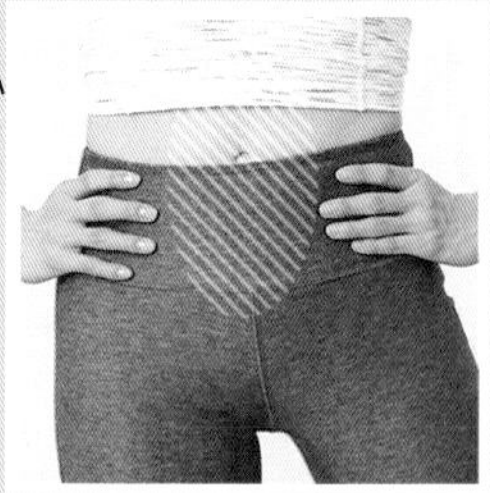

腕は気持ちよく
上へ伸ばす
耳と肩に
スペースを空ける
中級者
しっかりお腹を
引き上げて!
手と脚で左右に
引っ張り合う
イメージで!
腕は広げる
脚は上がる
ところまででOK
上級者

動画でCheck!

上級者

初級者のポーズをとったら、両腕を上げて万歳のポーズをとる。つま先立ちをした脚を床から離し、カラダを横に倒しながら、手脚を心地よく広げる。

中級者

初級者のポーズをとったら、両腕を上げて万歳のポーズをとる。つま先立ちをした脚を床から離す。

難易度★★☆

手脚を気持ちよくストレッチ。お尻や背中といった「背面」も鍛えられる

ポーズを1つ選んで 左右 3~5 呼吸 (約30秒)

2 戦士3

初級者

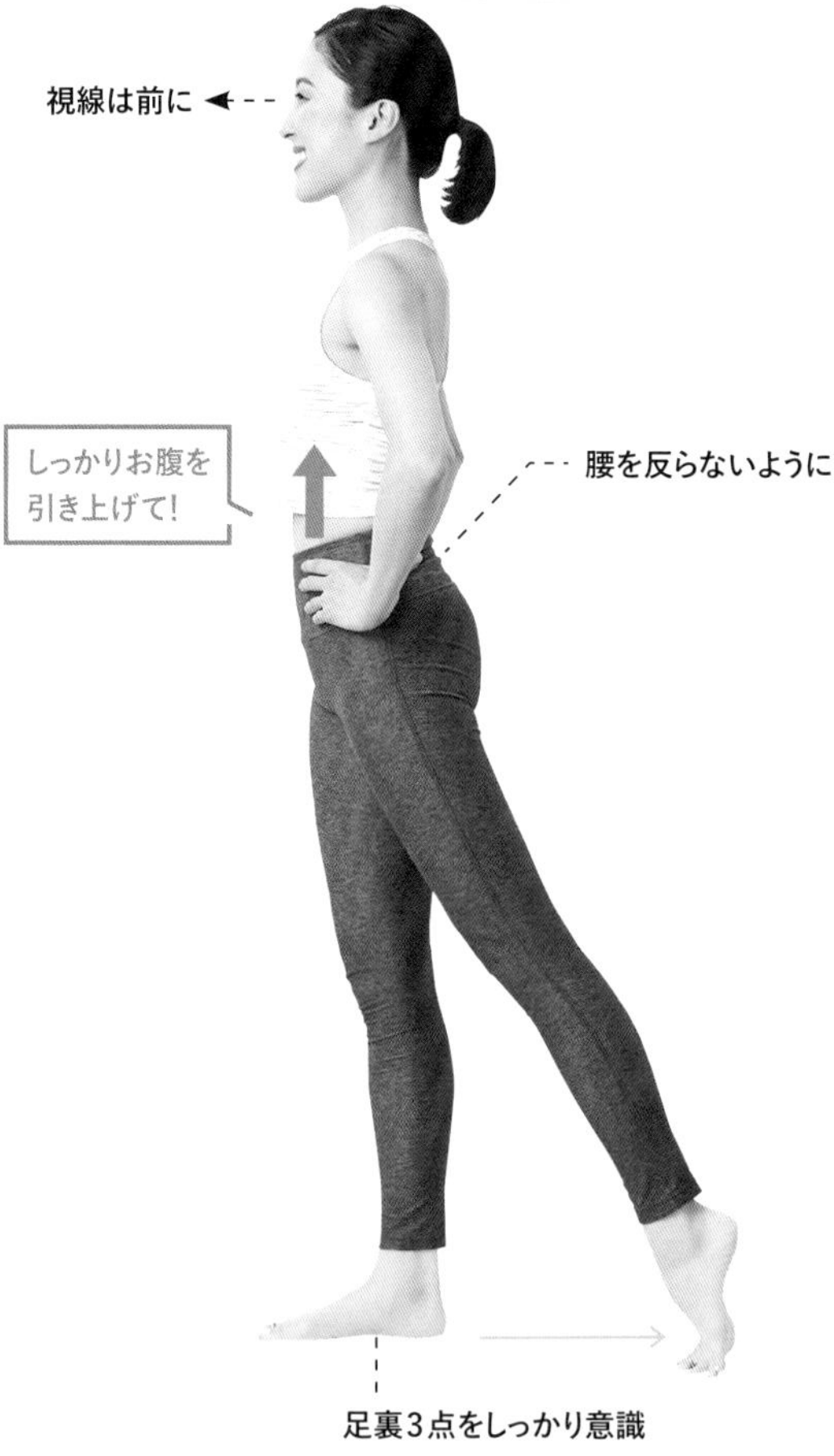
視線は前に
しっかりお腹を
引き上げて!
腰を反らないように
足裏3点をしっかり意識

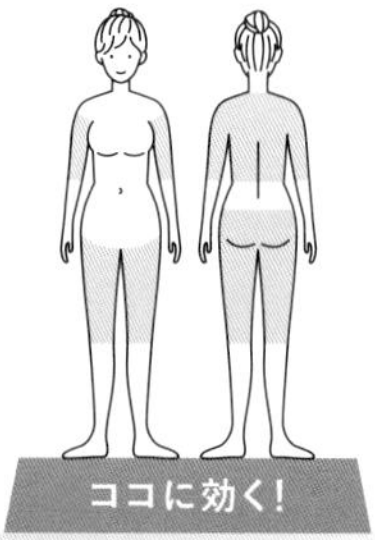
ココに効く!

初級者

両手を腰に軽く当て、両足を平行に揃えて立つ。
重心を片脚にかけたら、もう片方の脚を後ろに
一歩引き、つま先を床につける。

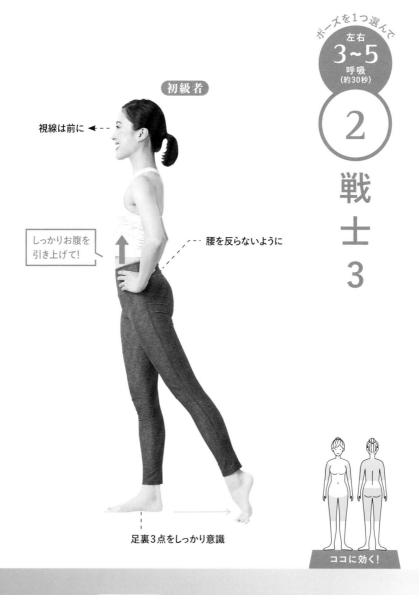

脚を伸ばしてから
腕を前へ！
上級者
手と足で
引っ張り合う
イメージで！
ひざは伸ばし切らない

腕は真上に
中級者
しっかりお腹を
引き上げて！
カタカナの「イ」の
イメージで
手脚を引き合う

壁を使ってもOK！

脚を上げるとバランスが崩れる人は、壁に手をついて行うと◎。

動画でCheck!

上級者

初級者 のポーズをとったら、引いた脚の足先を上げながら上体を前に倒す。カラダがTの字になったら両腕を前に伸ばす。

中級者

初級者 のポーズをとったら、引いた脚の足先を上げ、両手も高く上げる。

難易度★★☆

太もも（主に外側）や肩甲骨をストレッチ。股関節を調整し下半身太りを解消

ポーズを1つ選んで
左右
3~5
呼吸
(約30秒)

3 ワシ

初級者

視線は前に
背中が丸く
ならないように
腰を反らないように
しっかりお腹を
引き上げて!
Focus!

軸足のひざに注意
内もも同士を寄せ合ってバランスをとり、軸足のひざがつま先より前に出ないようにする。

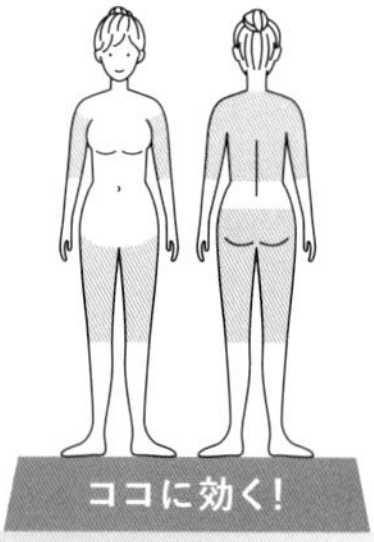
ココに効く!

初級者

両手を腰に軽く当て、両足を平行に揃えて立つ。上体を前傾させ、ひざを曲げてかがむ。重心を片脚にかけたら、もう片方の脚を軸足の前で交差させ、つま先を立てる姿勢でキープする。

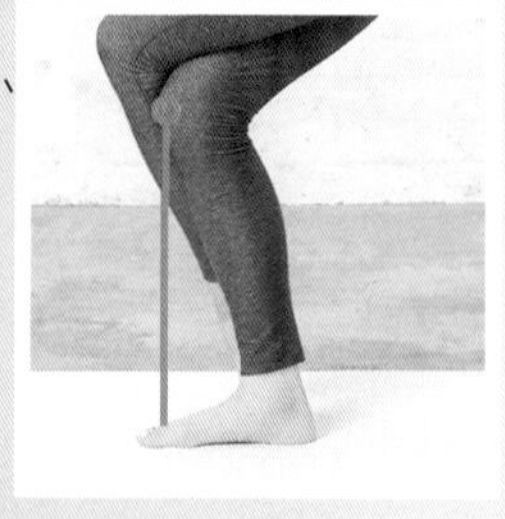

上級者

視線は指先に
肩甲骨を広げる
骨盤が横に
開かないように
腕を前方に
伸ばす
内もも同士を
強く寄せ合う
ひざがつま先より
出ないよう注意して!
足指は力を抜く
(ギュッとしない)

中級者

視線は前に
肩が上がらない
よう注意して!
足先は少し浮かせる

動画でCheck!

上級者

初級者 のポーズをとり、足先を軸足のふくらはぎに絡める。軸足側の腕が上にくるように両手をクロスさせたら上体を倒す。お腹を引き上げるようにする。

中級者

初級者 のポーズをとり、そこから足先を浮かせる。軸足側の腕が上にくるように両手を顔の前でクロスさせ、手のひらを合わせる(手の甲を合わせるだけでもOK)。

難易度★★★

手脚や背中、お尻の筋肉に加え、お腹のたるみを引き締める効果も期待できる

ポーズを1つ選んで
左右
3~5
呼吸
(約30秒)

4 ダンサー

初級者

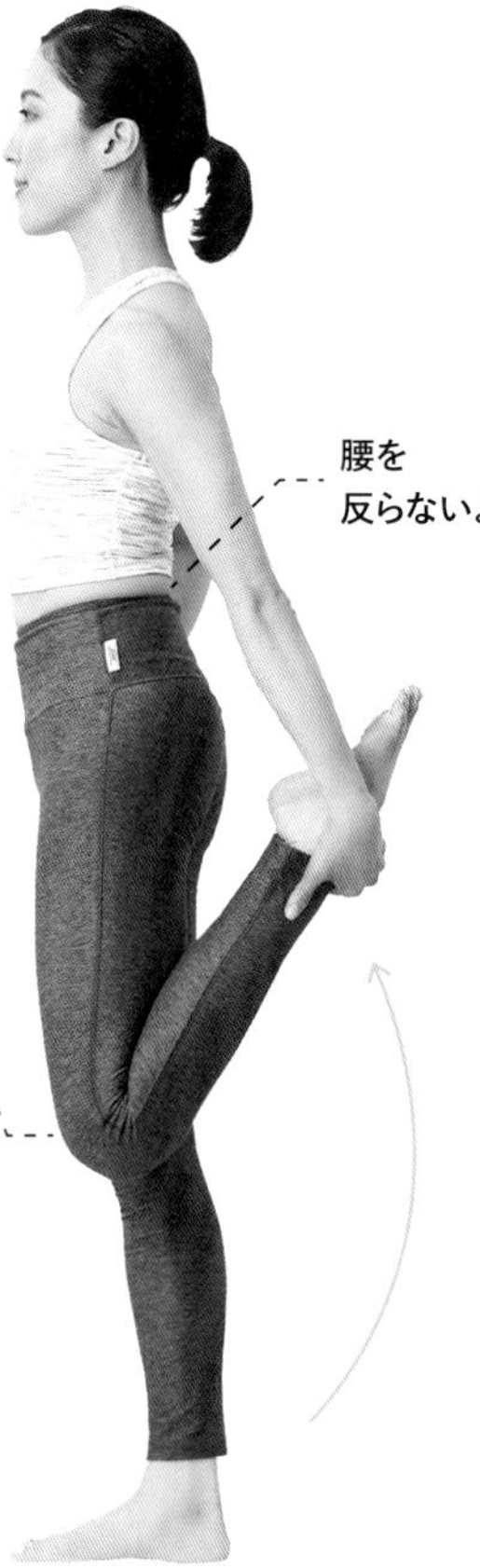
視線は前に
腰を
反らないように
ひざとひざの間は
こぶし1つ分開ける

壁を使ってもOK！
脚を上げるとバランスが崩れる人は、壁に手をついて行うと◎。

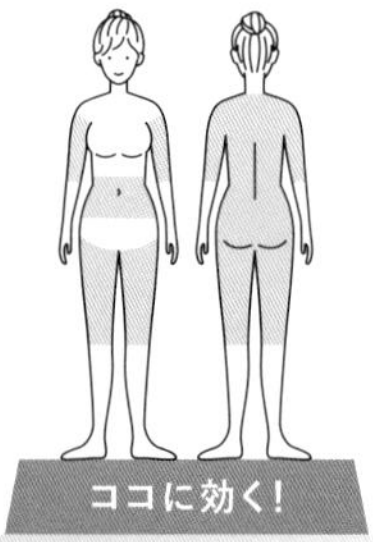
ココに効く！

初級者

両手を腰に軽く当て、両足を平行に揃えて立つ。重心を片脚にかけたら、もう片方の脚を後ろに曲げ、曲げた脚側の手で足の甲をつかむ。ひざの間はにぎりこぶし1つ分開ける。

動画でCheck!

上級者

初級者のポーズをとったら、軸足側の腕を上に伸ばし、腕を前方に下ろすと同時にひざを高く上げて上体を倒す。真後ろに脚を引き、ひざを上げるように意識するとやりやすい。

中級者

初級者のポーズをとったら、軸足側の腕をいったん上に伸ばし、腕を前方に下ろすと同時につかんだ脚を少し上げる。前ももを伸ばすイメージで行う。

燃焼系

難易度★★★

手脚はもちろん、刺激をしづらい背中やお尻、お腹の引き締め効果も

ポーズを1つ選んで

左右 3~5 呼吸（約30秒）

5 半月

背中が丸まらないように
視線は下に
ひざは曲げる
指先だけを床につく

初級者
引くほうのひざは伸ばす
ひざは曲げる
肩の真下あたりに
手首をもってくる
足裏3点をしっかり意識

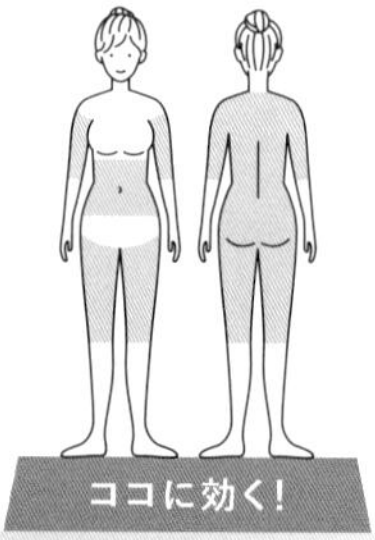
ココに効く!

初級者

両足を平行に揃えて立つ。ひざを曲げつつ上体を前屈させ、両手の指先を顔の下につく。そこから重心を片脚にかけて、もう片方の脚を後ろに引き、つま先立ちをする。手に頼り過ぎず、脚でカラダを支える意識で行う。

腕は真上に
脚はカラダと
一直線になるように
お腹でカラダを
支えるイメージで!
上級者
視線は指先に
軸足と腕が平行になるように

イスを使ってもOK!

バランスがとりづらい場合は、イスなどに手をついて行うと◎。

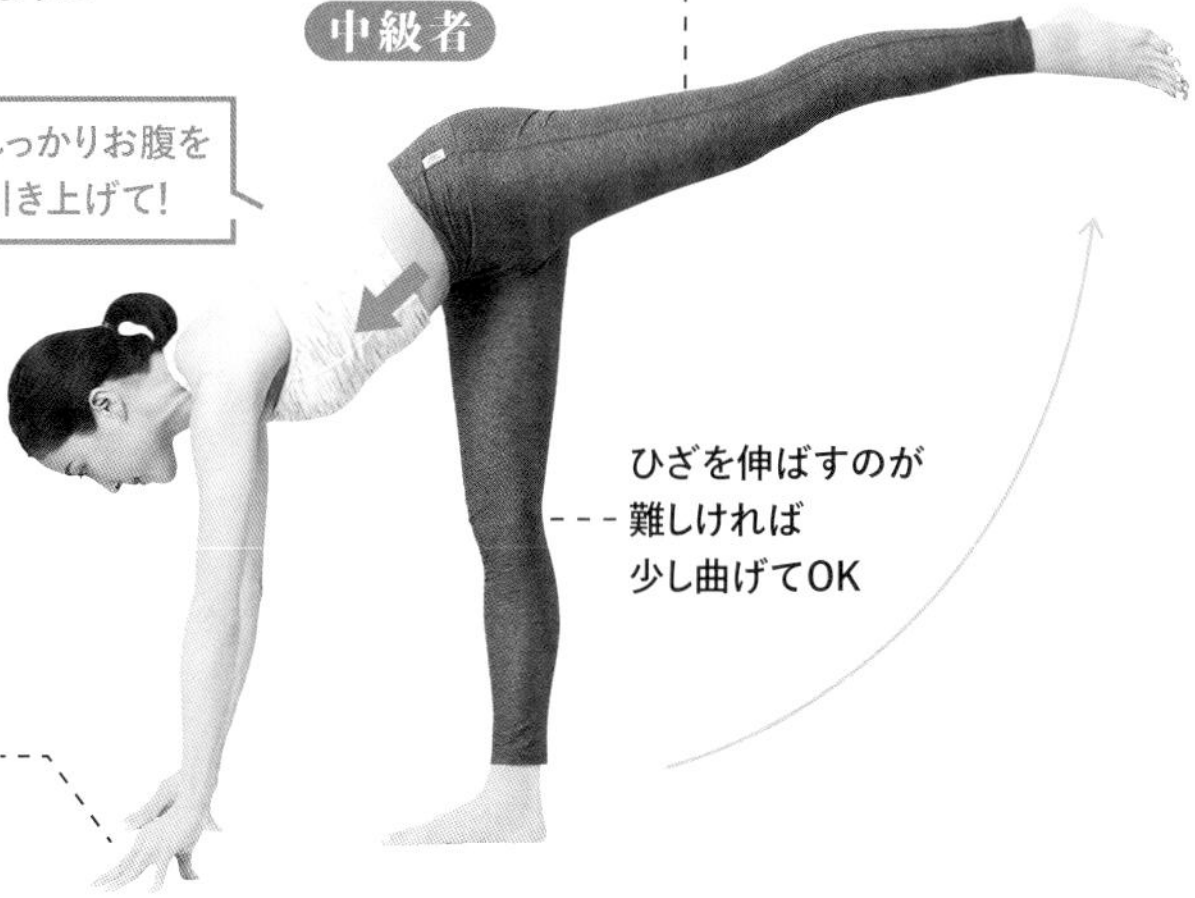
脚は地面と
平行になるくらい上げる
中級者
しっかりお腹を
引き上げて!
ひざを伸ばすのが
難しければ
少し曲げてOK
手で体重を
支えない

動画でCheck!

上級者

初級者のポーズをとったら、軸足のひざを伸ばしつつ、引いた脚を上げる。上げた脚側の腕を真上にして胸を開く。お腹でカラダを支えるイメージで行う。

中級者

初級者のポーズをとったら、両手を床についたまま、軸足のひざを伸ばしつつ、もう片方の脚を上げる。軸足の膝は曲げたままでもOK。

ひねり系ポーズはココがすごい！

ひねり系ポーズは、「カラダをわざとアンバランスな状態にして活性化させる」という考えのもとにつくられたポーズです。もちろん、基本的な体幹力がベースに備わっていることが大前提になってきます。

では、いったいなぜ上半身をひねると、カラダが活性化するのでしょうか。答えはハッキリしています。**上半身（主に背骨）をねじることで、カラダの内部に刺激を与え、めぐりを促す効果が期待できるからです。**

体内のめぐりがよくなると、老廃物の排出をより早く促したり、栄養分を一層スムーズに運搬できるうえに、本来備わっている免疫力もアップします。

正しく効果的にカラダをひねることで、滞りがちなめぐりを改善し、たまりがちな老廃物を流していきましょう。もし、フラつくことが多い場合は、「基礎体幹力系のポーズ」に、丁寧に取り組んでみてください。

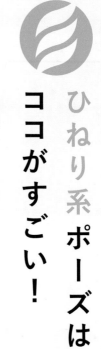

ココに効く!

体幹
背中
内臓

カラダの内部に強く働きかけることで、めぐりがよくなり、デトックス効果がアップ。栄養の運搬もよりスムーズに。本来備わっている免疫力も、一層上がる。

どんな効果があるの?

美容面	健康面
くびれができる	便秘が改善する
肌にハリとツヤが出る	胃腸の消化機能が高まる
腰回りの脂肪が落ちる	肩こりや腰痛が改善する

難易度★☆☆

体幹の筋肉を鍛えウエストに効かせる。脚、特に太もも全体にアプローチできる

ポーズを1つ選んで
左右
3~5
呼吸
(約30秒)

1 勾《まが》玉《たま》

前かがみにならない

前にも後ろにも傾かず、まっすぐ立つ。「壁と壁のすき間に挟まっている」と意識する。

初級者

脚は真横に開く
足先はピンと伸ばす

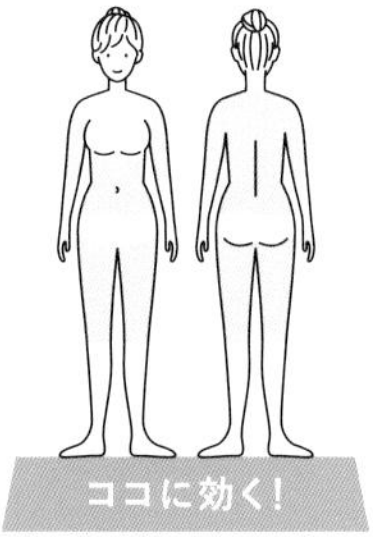
ココに効く！

初級者

両手を腰に軽く当て、両足を平行に揃えて立つ。重心を片脚にかけたら、もう片方の足先を真横に出す。足先をピンと伸ばし、つま先立ちをする。

手首をつかむ
上級者
中級者
側面を伸ばすイメージ
腰を反らないよう
注意して!
しっかりお腹を
引き上げて!
背骨を上にぐーっと伸ばす
脚を真横に上げる
脚は真横に開く
足先は床につけたまま

動画でCheck!

上級者

初級者のポーズをとったら、両腕を上げて軸足側の手首をもう片方の手でつかむ。息を吸い、上に伸びる。吐きながら軸足と反対側に上体を少し倒し、脚をさらに上げる。

中級者

初級者のポーズをとったら、両腕を上げて軸足側の手首をもう片方の手でつかむ。息を吸い、上に伸びる。吐きながら軸足と反対側に上体を少し倒す。

難易度★☆☆

中心軸を感じながらツイスト、わざとバランスを崩して体幹を鍛える

ポーズを1つ選んで
左右
3~5
呼吸
(約30秒)

2 立位のツイスト

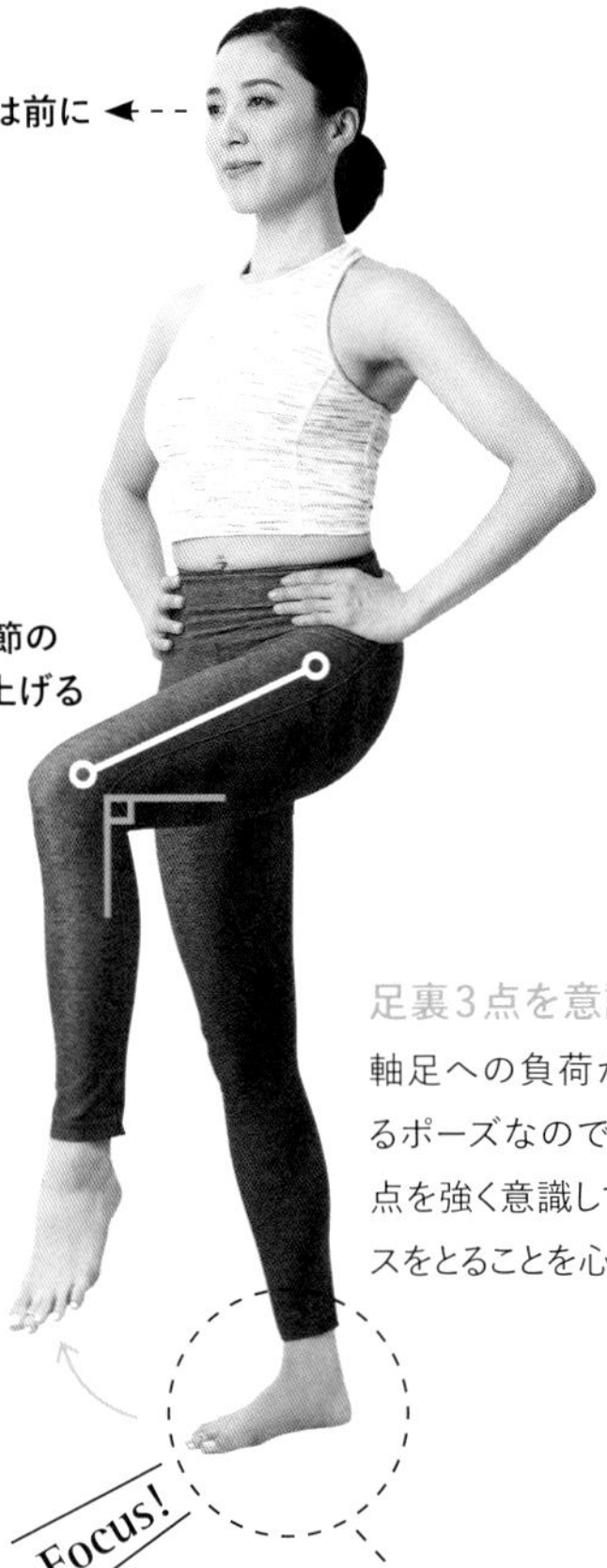
初級者
視線は前に
ひざは股関節の
高さ程度に上げる
Focus!

足裏3点を意識

軸足への負荷が高くなるポーズなので、足裏3点を強く意識してバランスをとることを心がける。

壁を使ってもOK！

脚を上げるとバランスが崩れる人は、壁に手をついて行うと◎。

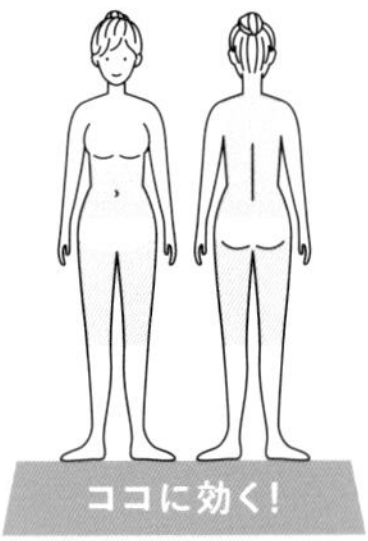
ココに効く！

初級者

両手を腰に軽く当て、両足を平行に揃えて立つ。重心を片脚にかけたら、もう片方の脚のひざを直角に曲げ、股関節の高さ程度に上げる。骨盤は真正面に向ける。

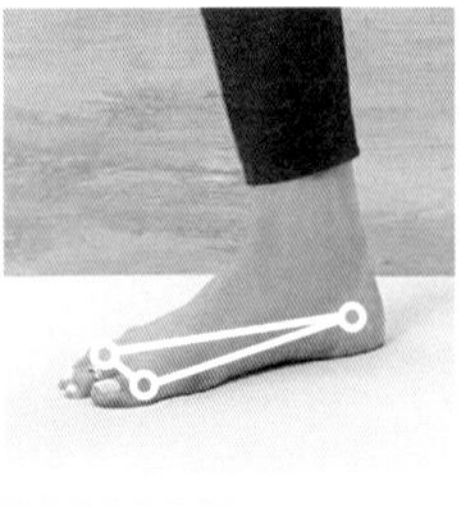

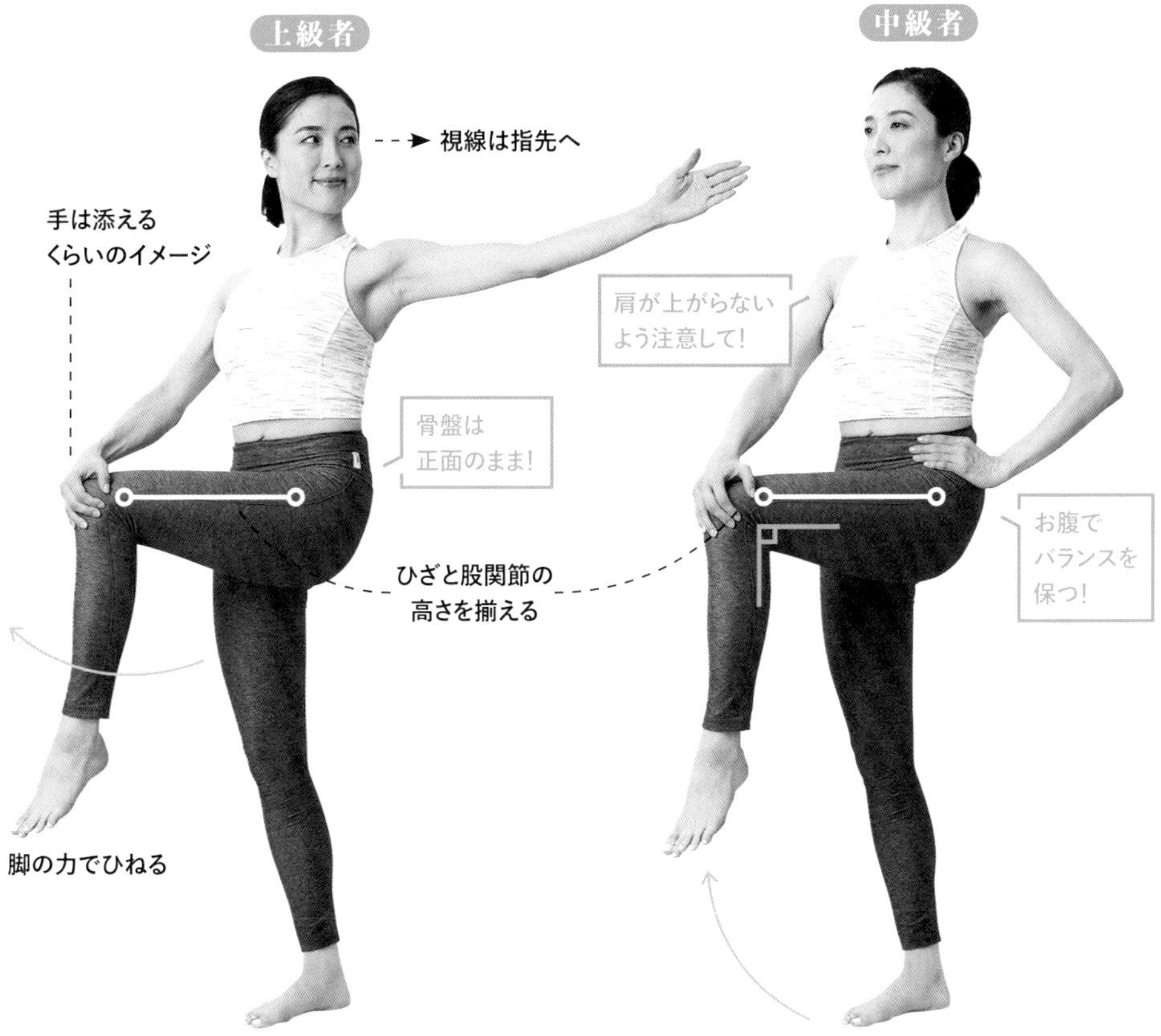
上級者
視線は指先へ
手は添える
くらいのイメージ
骨盤は
正面のまま!
ひざと股関節の
高さを揃える
脚の力でひねる
中級者
肩が上がらない
よう注意して!
お腹で
バランスを
保つ!

動画でCheck!

上級者

初級者のポーズをとったら、軸足側の手で、上げた脚のひざをつかむ。もう片方の手を横に開き、ひざをカラダに引き寄せるようにひねる。視線を指先に向ける。

中級者

初級者のポーズをとったら、軸足側の手で、上げた脚のひざをつかむ。

難易度★★☆

カラダの中心軸を感じ、ひねりを加えることで体側やウエスト、背中も鍛えられる

ポーズを1つ選んで
左右
3~5
呼吸
(約30秒)

3 新月のバランス

脚は前方で交差させる

骨盤は正面に

どのレベルでも、骨盤は左右を水平に保ち、なるべく真正面を向くよう意識すること。

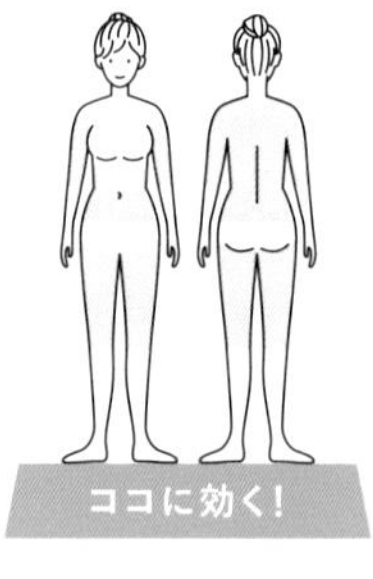

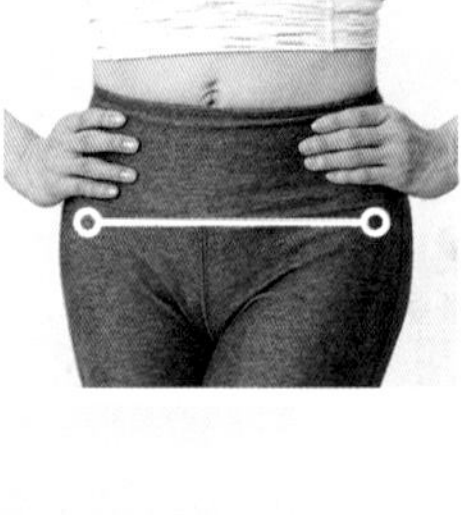

初級者

両手を腰に軽く当て、両足を平行に揃えて立つ。重心を片脚にかけたら、もう片方の脚を軸足の前で交差させ、つま先を立てる。

より上へ伸ばす
上級者
視線は足先に
しっかりお腹を
引き上げて!
両手と足先の3方向で
引っ張り合ってひねる!
より下へ伸ばす
上下で斜めに引き合う
中級者
しっかりお腹を
引き上げて!
より遠くへ
伸ばすように
足裏3点をしっかり意識

動画でCheck!

上級者

初級者のポーズをとったら、前方に出した足を上げる。軸足側の手を下、もう片方の手を上に伸ばし斜めに引っ張り合う。視線は足先に落とす。

中級者

初級者のポーズをとったら、軸足側の手を下、もう片方の手を上に伸ばし斜めに引っ張り合う。

難易度★★☆

背中やお腹の筋肉を刺激したり、太ももを引き締めることができる

ポーズを1つ選んで
左右
3~5
呼吸
(約30秒)

4 ねこのしっぽ

初級者
視線は前に
腰を反らないように
脚をクロスさせることで
内ももに効かせる
Focus!
脚は斜め後ろに引く

足先を1cm伸ばす

足先を後ろに「今より1cm伸ばす」と意識する。

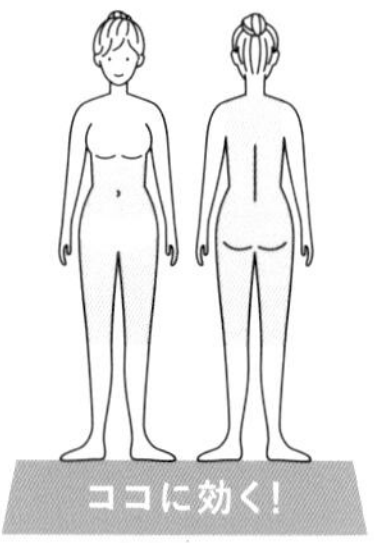
ココに効く!

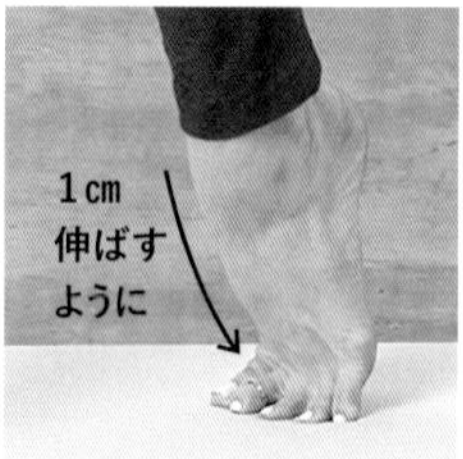
1cm
伸ばす
ように

初級者

両手を腰に軽く当て、両足を平行に揃えて立つ。重心を片脚にかけたら、もう片方の脚を斜め後ろに引いてクロスさせる。つま先を立てて床につけ、バランスをとる。

腕と脚で
引っ張り合う
イメージで!
上級者
視線は
足先のほうへ
しっかりお腹を
引き上げて!
脚をより遠くに
伸ばすイメージ
足裏3点をしっかり意識
中級者
視線は前に
しっかりお腹を
引き上げて!
足先をピンと伸ばす

動画でCheck!

上級者

初級者のポーズをとったら、引いた脚を後ろに上げる。腕を上げて両手首をクロスし手のひらを合わせる。視線は足先へ向ける。

中級者

初級者のポーズをとったら、引いた脚を後ろに上げる。つま先はバレリーナのようにピンと伸ばす。

ポーズを1つ選んで
左右
3~5
呼吸
(約30秒)

5 しだれ桜

難易度★★★

中心軸を意識し体幹を強化。体幹の要、ウエストや背中を集中的に鍛えられる

初級者

背中が丸まらないように
Focus!
軸足の足首に
かかとを添える
ひざは外側に開く

お腹で支える

どのレベルでも、お腹の
中心部でカラダを支える
ことを意識する。

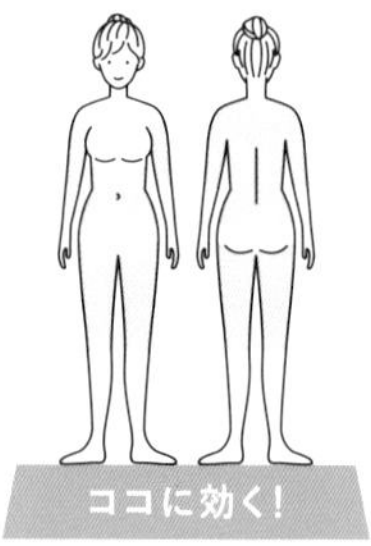
ココに効く!

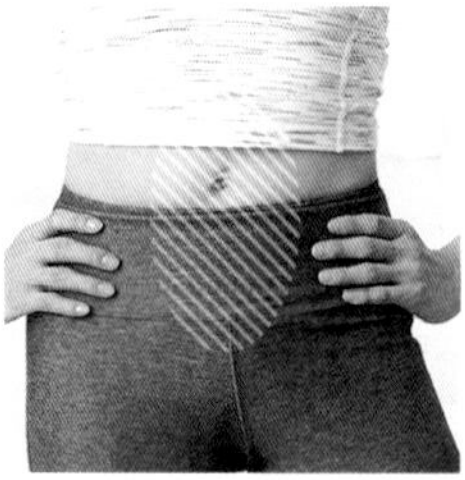

初級者

両手を腰に軽く当て、両足を平行に揃えて立つ。
重心を片脚にかけたら、もう片方の脚を軸足の
足首に添えるようにつま先立ちする。

背骨を伸ばしながら倒す
上級者
お腹でカラダを
支えるイメージで!
中級者
しっかりお腹を
引き上げて!
側面を伸ばすように
脇腹への
負荷を感じて
足先は
脚の付け根に
乗せるだけ
ひざは
避けて!
ひざは外側に開く
足裏に力を
かけないように
軸足に添える
足裏の親指側を
意識する
足裏でしっかり
床を踏みしめる

動画でCheck!

上級者

初級者 のポーズをとったら、足先を軸足の付け根に置く。軸足側の手は上、もう片方の手は横に伸ばしたら指で輪をつくり、カラダを真横に倒す。

中級者

初級者 のポーズをとったら、足先をふくらはぎに添える。軸足側の手は上、もう片方の手は横に伸ばし、指で輪をつくる。

動画でCheck!

片脚でうまく立てない人は

脚ほぐし

片脚立ちが「やりにくい」「フラつきやすい」という場合、まずは片脚ずつほぐしてみましょう。

1

床に座り、脚の指先を1本1本上下に割くように刺激。❶と❷を上下5往復させたら、❷と❸、❸と❹、❹と❺の順で同様に刺激する。片脚のみ行う（以降すべて）。

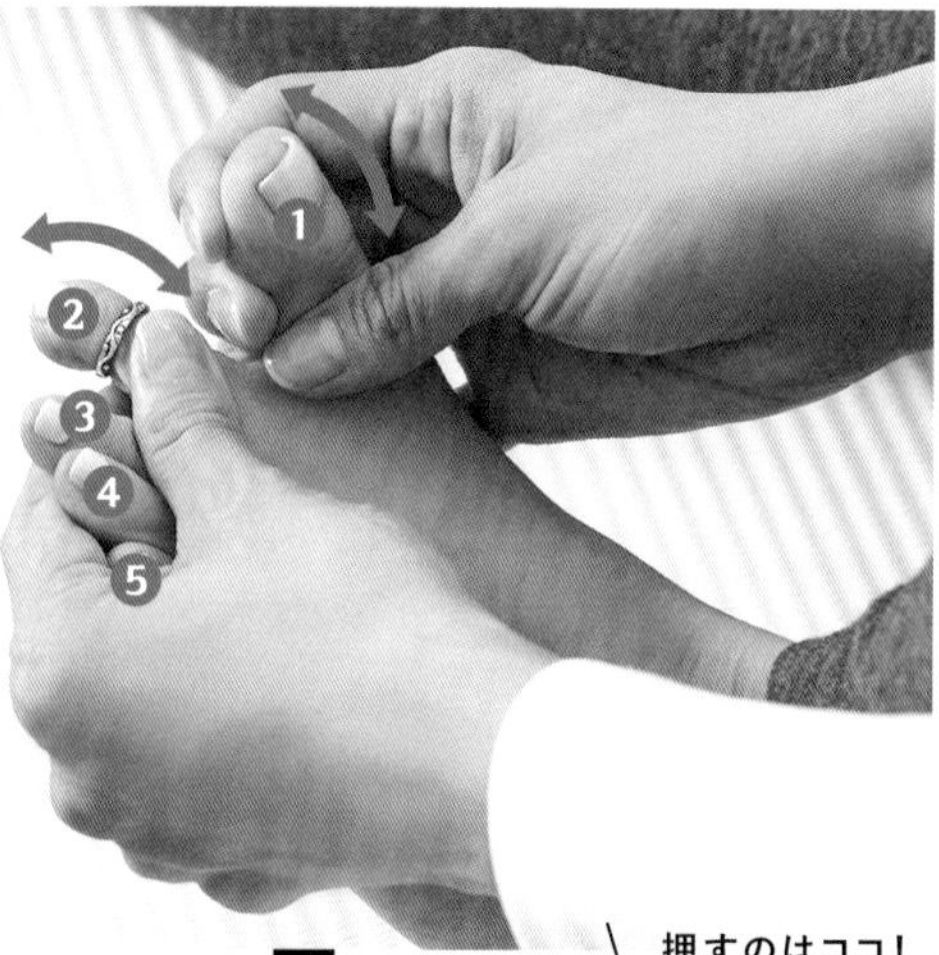

上下
5往復
×4回

脚を太ももに乗せ、足指を握ったら、反対の手で距骨《きょこつ》（足首の付け根）を押しつつ足首を回す。息を吐きながら足指にギュッと圧を加えたらゆるめる。

押すのはココ！

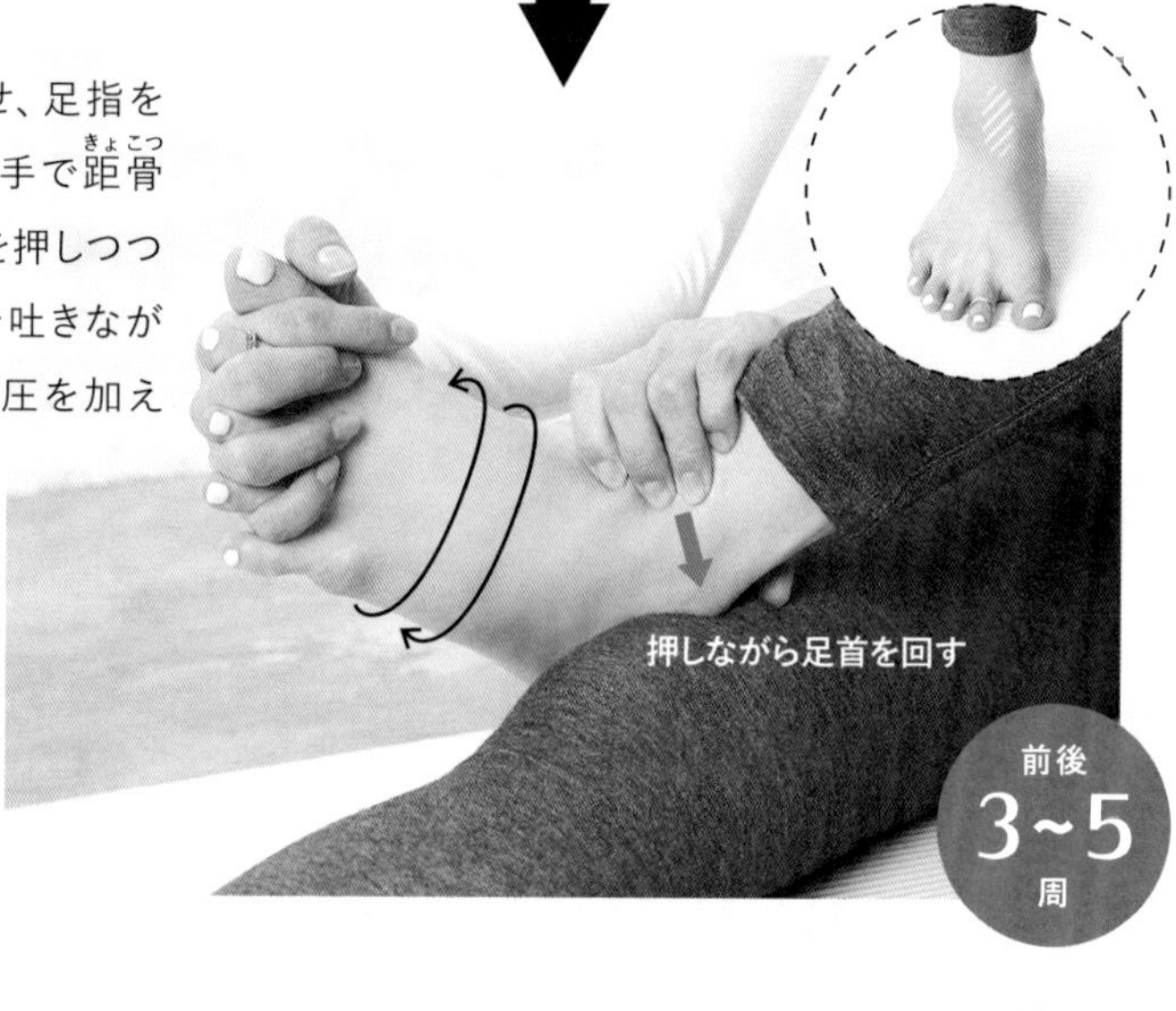

前後
3~5
周

2

脚を立て、ふくらはぎの裏側を両手でもみほぐす。足首からひざ裏へ向かって押しもみする。

下から上の
一方向のみ刺激する
下➡上へ
3~5
回

3

脚のひざ裏に両手の親指を差し込んで押す（ひざをぶらぶらとゆすってもよい）。「イタ気持ちいい強さ」で行う。

手の形はコレ!
親指でひざ裏を押す
ひざを左右に
ゆすってもOK
3秒

片脚でうまく立てない人は
脚ほぐし

4

脚を外側に開き、両手で内ももをほぐす。親指もしくは手のひらで、脚の付け根に向かって、圧を加える。

ひざ➡付け根の
一方向のみ刺激する
下➡上へ
3~5
回

5

ほぐしたほうの脚を後ろに流して横座りをする。足の側面を、小指側に向かって手で押しつつ、顔を伸ばした脚と反対側に向けて呼吸する。

スーッ
フーッ
下側に
圧をかけつつ
小指側に押す
小指を1㎝
伸ばすイメージで
3~5
呼吸

＼ 押すのはココ！ ／

盛り上がった骨のすぐ側

6

顔を正面に戻し、ほぐしていないほうの足の裏(つちふまず)を手でほぐす。親指を今より1cm長く伸ばすイメージで行う。

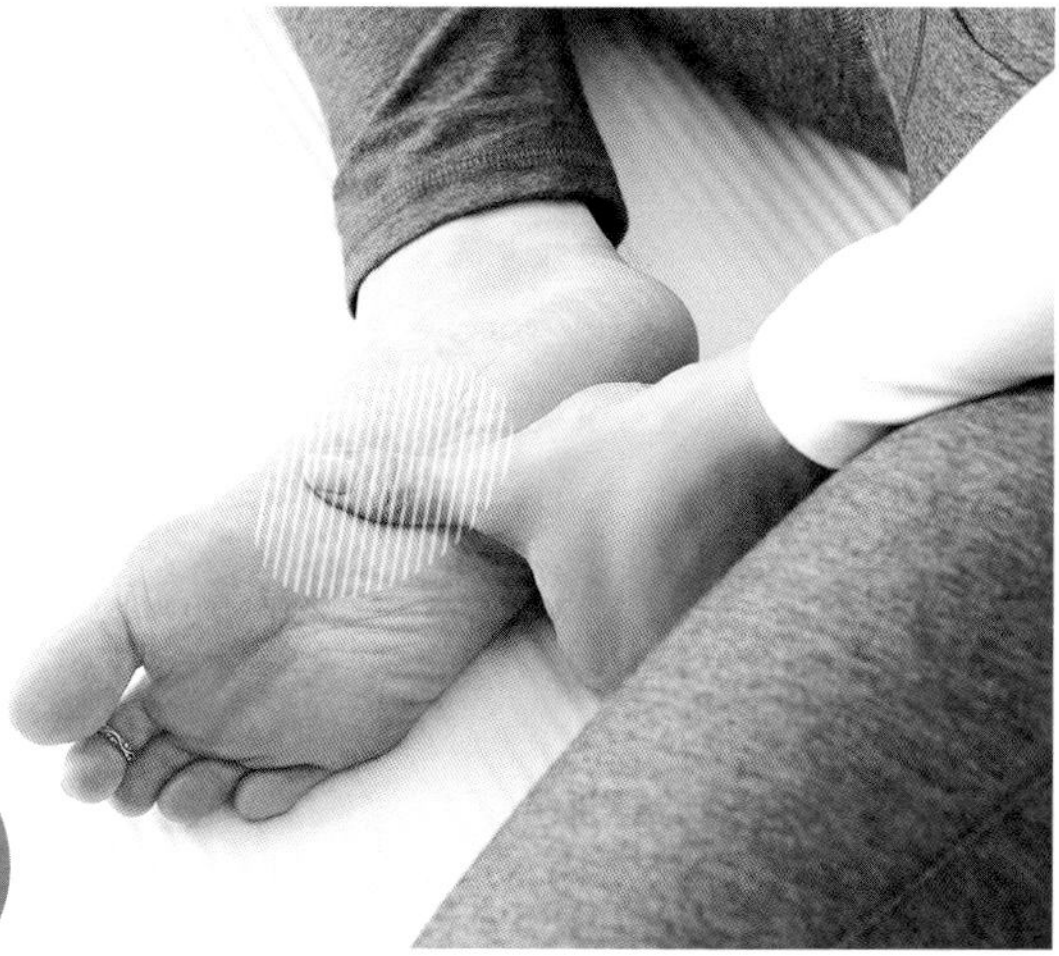

3秒

なぜ脚をほぐすとイイの?

足首にある距骨は、筋肉のついていない骨なのでズレやすい性質をもっています。脚ほぐしをすることで関節のズレを解消し、自然な状態に戻せると、特にふくらはぎが使いやすくなり運動のパフォーマンスが向上。片脚立ちポーズもとりやすくなります。さらにふくらはぎは第二の心臓でもあるため、しっかり使えるようになると血液循環もよくなり代謝アップ、若返り効果も。

1〜6を終えたら反対側の脚も同様に行うこと!

立位 DOWN

動画でCheck!

Start

1

片脚立ちを終えたら、手首と足首をぶらぶらさせて脱力する。

2

胸の前で、静かに合掌のポーズをする（両方の手の平を合わせる）。

3 吸う

目の前で両手を組み、手の平を外向きに返しながら上に伸ばす。

4

組んだ両手を頭上で気持ちよく伸ばし、左右に数往復ゆらす。

5 吐く

息を吐きながら、脱力して両手を解き、腕を下ろしつつ前屈をする。

時間がない人に

立った姿勢のまま行えるクールダウン法。「全身の脱力」と「呼吸の調整」を行います。忙しくて時間がない人におすすめ。

COOL

6

ももの裏側が張らないよう調節しながら、両ひざを曲げ伸ばしする。

7 吸う

両手をすねに当てながら、上体を半ばまで起こす。視線も上げる。

8 吐く

息を深く吐き、再び前屈。首の力を抜き、足裏をつけたままひざを交互に曲げ伸ばし。

9 吸う

息を吸いながら、両腕は外に弧を描くよう開きつつ上体を起こし、上に伸びる。

Goal

10 吐く

フラつかないよう気をつけながら、胸の前で再び合掌のポーズ。息は吐き切る。

座位 DOWN

動画でCheck!

Start

1

片脚立ちを終えたら、あぐらをかいて座る。足裏を合わせ、両ひざを外側に開く。

2

つま先を両手で持ち、上体を左右にゆらす（骨盤を調整するイメージ）。

3 吸う 吐く

息を吸ってから、伸びた背骨のまま、息を吐きつつ上体をゆっくり前方に倒す。

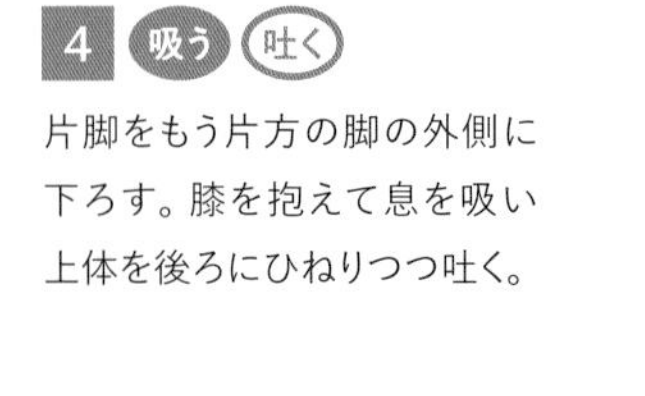

4 吸う 吐く

片脚をもう片方の脚の外側に下ろす。膝を抱えて息を吸い上体を後ろにひねりつつ吐く。

COOL

脚が疲れた人に

座った姿勢で行えるクールダウン法。片脚立ちで疲れた下半身の筋肉と関節を気持ちよく伸ばせます。

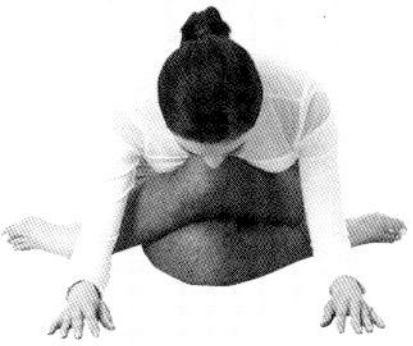

できない人は
ひざを立ててOK

5 吸う 吐く

息を吸いながら上体を正面に戻す。伸ばした脚を引き寄せて、息を吐きつつ前屈する。

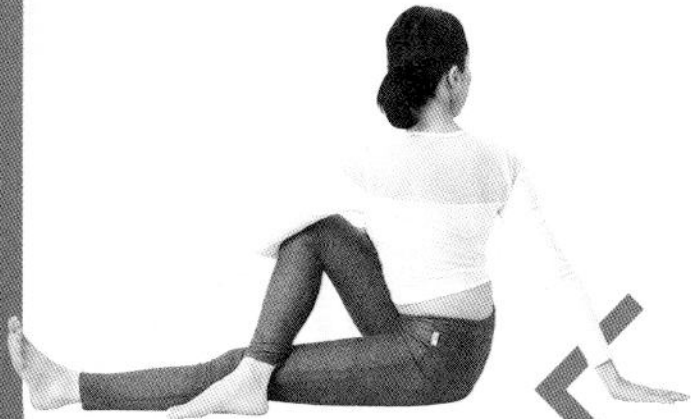

6 吸う 吐く

上体を起こして両脚を伸ばしたら、4と逆脚に組み替えて同様の動作を行う。

できない人は
ひざを立ててOK

7 吸う 吐く

息を吸いながら上体を正面に戻す。伸ばした脚を引き寄せて、息を吐きつつ前屈する。

Goal

8

両足を前方に伸ばし、かかとをつけたままひざを曲げ伸ばしして脚を解放する。

仰《ぎょう》臥《が》位《い》 DOWN

動画でCheck!

Start

1

片脚立ちを終えたら、仰向けに寝転がる。両腕と両脚は脱力する。

2 吸う

片方のひざを胸のほうに引き寄せて両手でつかむ。

3 吐く

2の姿勢から、引き寄せた脚を反対側に倒し、倒した脚と逆側に上体をひねる。

4 吸う

姿勢を1に戻したら、2とは逆脚のひざを胸のほうに引き寄せて両手でつかむ。

COOL

疲れ気味の人に

寝た姿勢で行うクールダウン法。そのまま休んだり眠ったりすることもでき、疲れているときにおすすめです。

5 吐く

4の姿勢から、引き寄せた脚を反対側に倒し、倒した脚と逆側に上体をひねる。

6

両腕で両ひざを抱え、背中を丸めて前後に気持ちよくゆらす。

7

両手足を上に突き出し手首・足首をぶらぶらする（細部まで血流を整えるイメージ）。

Goal

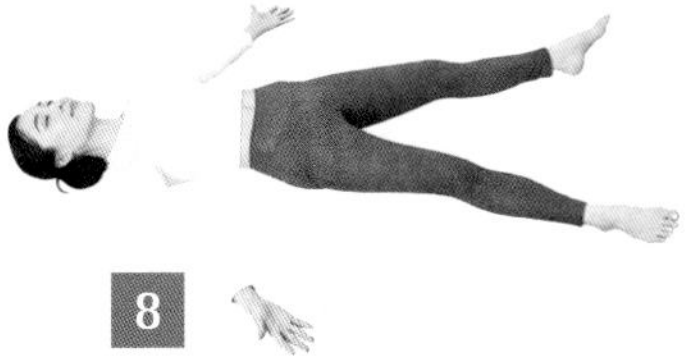

8

両手足を下ろし、手のひらを上に向けた「大の字」の姿勢で、目を閉じて深呼吸をくり返す。

Column

2

忙しくてもできる！ ながら片脚立ち

スキマ時間や「ながら」で片脚立ちを行い、その効果を蓄積させていきましょう。
安全かつ、誰にも迷惑をかけない状況は、探せば意外とあるものです。

家で作業しながら……

家事や家族のお世話をする瞬間も片脚立ちをしましょう。
片脚立ちチャンスはいたるところに転がっています。

歯みがきをしながら……
Good morning!
コーヒーを淹れながら……
子どものお世話をしながら……

転倒など安全面に
気をつけながら、習慣にしてみて

屋外で待ちながら……

信号待ちや、電車やバスなどの公共機関待ちの時間を最大限に活用しましょう。
片脚を立てて、足裏3点を意識するだけでも効果が得られます。

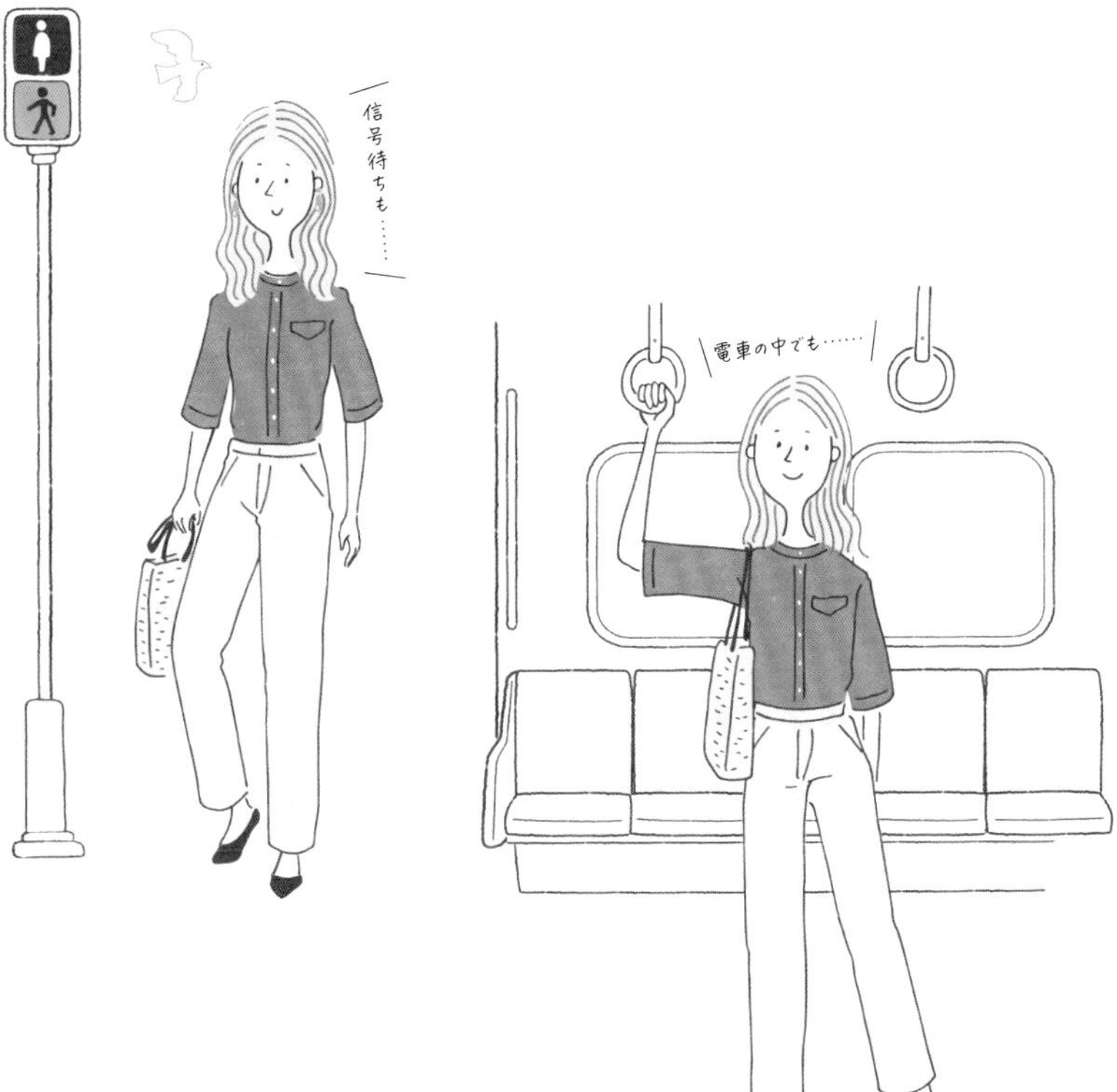
信号待ちも……
電車の中でも……

周囲の様子を確認して、
こっそり行ってみて

片脚立ちをすれば自律神経も整う

人のカラダには「交感神経」と「副交感神経」からなる「自律神経」が備わっています。私たちが特別に意識をしなくても、全身の機能は自律神経によって正常に保たれているのです。

たとえば血流が全身をめぐったり、体温が適正に保たれたり、食事をしたら消化や代謝が行われたりするのは、すべて自律神経の働きがベースとなっています。

そのため、自律神経のバランスが崩れてしまうと、心身に悪影響が及び始めます。頭痛や不眠、イライラや焦り、倦怠感、気分の落ち込み……。こういった症状の出やすい人は、自律神経が乱れている可能性が高いといえます。でも片脚立ちをすれば、自律神経を整えて、心身の不調を改善することができます。

脳幹への刺激と深い呼吸で自律神経が整う

片脚立ちは、背骨に効率よくアプローチができます。背骨の上にある「脳幹」に好影響を与えることもできるため、自律神経の働きが正常化していきます（40ページ）。また、片脚立ちの最中は意識的に呼吸を行うため、自律神経の状態が「一番よい状態」へと導かれます。

「自律神経とは」

カラダの機能をコントロールしている神経のこと。忙しく活動しているときや、緊張しているときは交感神経が優位に。リラックスしているときは副交感神経が優位になる。

「呼吸でバランスをとっている」

自分の意思では、自律神経のコントロールはできない。けれども「吸う息」で交感神経に、「吐く息」で副交感神経にアプローチは可能。呼吸をゆっくり行えば、自律神経は整う。

ヤセ体質になりたいなら気をつけたい4つの食事法

「ダイエットやヨガを毎日頑張って続けているのに、なぜかヤセない」

そんな声をいただいたことがありました。その方のお話をよく聞いてみたところ「ヨガをしているから、なにを食べても大丈夫」と、好きなものを好きなだけ食べていたのだとか。いくらダイエットを頑張っても、それを上回る勢いで暴飲暴食をしていたら、体重は増えないかもしれませんが美しく引き締まったカラダにはなかなか近づけません。

ダイエットをするなら、食事の内容にもこだわりたいものです。**ヤセにくい人の代表的な特徴として「便秘」が挙げられます。便秘の方に特におすすめしたいのが食物繊維の豊富な野菜、海藻、キノコ類。新鮮で活きのいい食材を摂るようにしましょう。**このような「食にまつわるルールが難しい」という場合、次の食事法を最低限心がけてみてください。食べすぎを遠ざけることができるはずです。

❶「早食いをやめる」
❷「温いものを摂る」
❸「白砂糖と人工甘味料を控える」
❹「たまにはハメを外しても良しとする」

とはいえ、今までの食の好みや食習慣を突然変えるのは難しいものです。**最初はできる食事法から実践していきましょう。「食べる喜び」をすべて諦める必要はありません。**

食については、多くの情報があふれています。でも「△△をとればヤセる」「あれは食べないほうがいい」など、断片的すぎる情報に振り回されるのはやめたほうが吉。まずは、4つの食事法を徹底してみてください（次ページ参照）。

4つの食事法のうち、やっかいなのは❸「白砂糖と人工甘味料を控える」ではないでしょうか。お菓子やパンをはじめ、市販品の多くに白砂糖はすでに含まれています。しかし、考え方ひとつで「白砂糖不使用のもの」を楽しむことはできます。たとえば甘味がほしくなったとき。果物、ドライフルーツ、無添加素焼ナッツなどを選べばOKです。私もフレッシュなフルーツはよくいただきます。

一方で、常に禁欲的に過ごしていると、その反動でスイーツをドカ食いしたくなるリスクも高まります。❹「たまにはハメを外しても良しとする」という姿勢で、4つの食事法を楽しんで長く続けましょう。

守りたいのはこの4つ

Rule 1 早食いをやめる

「早食い」は、肥満の原因となります。人は、食事を始めてから満腹と感じるまでに約15分かかるとされています。そのため、早食いをすると、満腹と感じるまでにたくさん食べてしまうのです。最低15分以上かけて食事を摂れば、食べ過ぎを遠ざけることができます。よく噛み、よく味わい、楽しみながら食事を摂りましょう。

Rule 2 温いものを摂る

冷たい飲み物などで内臓を冷やしすぎると、その機能が低下したり、働きが鈍ったりすることがわかっています。内臓が冷えると消化吸収や排泄などが滞り、太りやすいカラダになってしまうことも……。また全身がだるくなったり、疲れやすくなったりすることも珍しくありません。飲み物は、常温、または温かい飲み物がおすすめです。

Rule 3 白砂糖と人工甘味料を控える

白砂糖には中毒性があるため、ストレス解消のために甘いものを常食していると、「それを食べないとイライラする体質」になりかねません。また、白砂糖の摂り過ぎは、肌荒れ、肥満などを引き起こします。もちろん清涼飲料水の常飲もNG。気をつけたいのは食事に使われる白砂糖です。特に和食の煮物などには、白砂糖が多く使われていることも。

Rule 4 たまにはハメを外しても良しとする

ダイエットのためとはいえ、「アレもコレも、食べてはダメ」と抑制感に振り回され過ぎる生き方は、考えもの。「また食べてしまった」「なぜ私は我慢ができないの」という罪悪感も、よくありません。だから、食べたいものを食べても、「たまにはいいか」と自分を許してあげましょう。

カラダに優しい食材を
カラダが喜ぶ食べ方で摂る
その気遣いにカラダは必ず応えてくれる。

Epilogue

私は今、1歳の娘とマレーシアを拠点に生活しています。一般的には、子どもが小さいと「自分は我慢しなくてはならない」と考えていたり、私のようにひとり親という選択をすると、なおさらまわりから心配されたりします。ですが、私の考え方は真逆でした。もともとモウレツ仕事人だった私。妊娠・出産をして子どもをもつとなったときに「今までのようには働けないかもしれない」と少し感じたのは事実です。当時、私は会社経営に加え、現場でバリバリとヨガのレッスンもしていました。

ただ、私はいつも、どんな出来事にも意味があると思っていました。今は意味を感じないことでも、この先かならず意味をもつと思っています。

一見、大変さを伴うワンオペレーションでの仕事や生活ですが、だからこそ経験できる楽しさや喜びを見出そうとしました。

今までのように、決まった時間や場所での仕事ができなくなる。

この思いに対し逆説的に考えて、「決まった時間や場所で仕事ができないのだから、そもそも日本にいなくてもいい」。このような発想だったのです。

子どもと長い時間一緒にいられる日々は、たった一瞬です。「ここからは、時間や場所に囚われない働き方にシフトしてみよう」。そう感じたのは、今しかない時間を大切に味わい尽くそうと考えた結果でもありました。

自然に抗わない。変えられない出来事はどこまでも受け入れて、変えられる「自分の行動」や「考え方」はアップデートしていく。そうして人生を生きたほうが、日々の一瞬一瞬に学びや気づきをいただけるものです。

忙しい方々が少しでも自分の心身に目を向けて、まずは自分を整えること、笑顔でいられる選択をすることで、自然と物事が好循環し、自分もまわりもハッピーになる。

この本が、そんなきっかけになれたらとてもうれしく感じます。

この本を読んでのご意見、ご感想をアンケートにてお寄せください。
ご協力お待ちしております。

1日5分で一生太らないカラダになる!

片脚立ちの秘密

著者
山谷夏未

2020年10月15日　第1刷発行

発行者　太田歳子
発行所　株式会社リブレ
〒162-0825 東京都新宿区神楽坂6-46 ローベル神楽坂ビル
電話03-3235-7405
FAX 03-3235-0342
https://libre-inc.co.jp

印刷所　大日本印刷株式会社

定価はカバーに明記してあります。
乱丁・落丁本はおとりかえいたします。

本書でご紹介したメソッドの効果には個人差があります。医師の治療を受けている方は主治医と相談の上、実施してください。

Printed in Japan
ISBN 978-4-7997-4992-0

装丁・本文デザイン：木村由香利(986DESIGN)
イラスト：きくちりえ
撮影：長谷川梓
スタイリスト：梶谷早織
ヘアメイク：輝・ナディア(Three PEACE)
執筆協力：山守麻衣
編集：野秋真紀子／岡田直子(ヴュー企画)
企画編集：佐久間愛